DIE ANDERE TÜRKEI

Wie die Moderne den Bosporus erobert

Herausgegeben
von Mehpare Bozyigit und Michel Friedman

Mit Geleitworten
von Gerhard Schröder und Recep Tayyip Erdogan

*Skyline des Istanbuler
Bankenviertels*

Aufbau-Verlag

Inhalt

Gerhard Schröder	Geleitwort	7
Recep Tayyip Erdogan	Gemeinsam in die Zukunft	9
Friedrich Mielke	Ephesos, die Hauptstadt Kleinasiens	13
Vural Öger	Eine Republik von Bestand	21
Hans Kirchmann	Endzeit des Kemalismus – zum Wahlsieg der »Partei des Lichts« in der Türkei	29
Hans Kirchmann	Zauberstadt Istanbul	37
Hans Bahmer	Einmal singen, tanzen, schneiden	43
Christoph Daum	Tollhaus Rasen	49
Selim Özdogan	Schweinerippen	54
Mehpare Bozyigit	Die neuen Reichen der Türkei	65
Mehpare Bozyigit	Leben in der Provinz	74
Udo Steinbach	Ein überschätztes Stück Stoff	85
Funda Özdemir	Die unbekannten Aleviten	91
Wolfgang Clement	Die Vorteile der Türkei für Deutschland	98
Jost-Henrik Morgenstern *Teyfik Karaküçükoğlu*	Die Wunderwelt des türkischen Tourismus	105
Rainer Hermann	Die mächtigen Familienkonzerne der Türkei	107
Meltem Kurtsan	Die türkischen Frauen und die Welt von morgen	111
Hans Kirchmann	Zwischen Tradition und Aufbruch – zur Situation der Frauen in der Türkei	115
Ayhan Bakirdögen	Die Unternehmerin Güler Sabancı – ein Rollenmodell	121
Fikriye Selen-Okatan	Erinnerungen einer Boxerin	124
Barbara Minderjahn	Der Held von Hürriyet	129

Bosporus-Brücke und Ortaköy-Moschee in Istanbul

Cem Özdemir	Warum nicht ein deutschtürkisches ARTE?	134
Beatrix Caner	Schätze, die zu heben sind – die türkische Literatur	140
Boris Kalnoky	Neue Kunst am Bosporus	147
Hande Eren	Am Anfang rochen die Birnen so mild! – Mehmet Gürs, der Starkoch der Türkei	151
Serdar Somuncu	Die Türkei und das deutsche Verständnis	157
Otto Schily	Kultur ist offen, sonst ist sie keine	162
Michael Kuyumcu	Türkeiropa	168
Anja Dilk	Abschied vom Alditürken	173
Mustafa Yoldaş	Meine Moschee in St. Georg	181
Özlem Özgürgil	Leben mit deutschen Fragen	187
Dietmar H. Lamparter	Die Seele der Autos	191
Hans Kirchmann	Aziza – Rapperin und Powerfrau	195
Kemal Derviş	Zum neuen Europa gehören Mut und Elan	199
	Kurzbiographien der Fotografen/ Bildnachweis	205

Gerhard Schröder

Geleitwort

Deutschland und die Türkei verbindet eine enge Beziehung. Zweieinhalb Millionen Menschen in Deutschland sind türkischer Abstammung, weit mehr als 600 000 von ihnen haben inzwischen die deutsche Staatsangehörigkeit erworben. Sie sind aktive Bürgerinnen und Bürger, die am wirtschaftlichen, politischen und gesellschaftlichen Leben in Deutschland teilhaben. Ihnen kommt eine besondere Brückenfunktion zwischen unseren beiden Ländern und Kulturen zu. Deutschland hat ein besonderes Interesse an einer demokratischen, wohlhabenden und europäischen Türkei. Die Bundesregierung unterstützt nachdrücklich den Weg der Türkei in die Europäische Union. Die Regierung von Ministerpräsident Erdogan hat in der Türkei eine gesellschaftliche und politische Reformdynamik in Gang gesetzt, die in der jüngeren Geschichte des Landes seit Atatürk ohne Beispiel ist. Diese mutige Politik wurde im Jahr 2004 mit dem Beschluß des Europäischen Rates zur Aufnahme von Beitrittsverhandlungen anerkannt. Allen ist bewußt, daß der Verhandlungsbeginn der erste Schritt auf einem langen Weg ist. Große Reformanstrengungen und Herausforderungen stehen der Türkei bevor.

Dieses Buch zeigt die moderne Türkei. Es spiegelt aber zudem das Bewußtsein von Menschen, die in der Türkei und auch bei uns leben, wider. Es wird dazu beitragen, daß beide Völker einander noch besser kennen und verstehen lernen.

Recep Tayyip Erdogan

Gemeinsam in die Zukunft

Nie war der Dialog mit den europäischen Nationen so intensiv. Und wenn am Ende der Beitrittsverhandlungen in Brüssel steht, daß auch die Türkei eine der Nationen Europas wird, dann werden die starken wirtschaftlichen und kulturellen Beziehungen zwischen der Bundesrepublik und uns sicherlich ihren Teil zum neuen Dialog beigetragen haben. Vor allem aber werden wir zusehends begreifen: Wir gehören zusammen.

Dennoch muß ich im politischen Alltagsgeschäft und nicht zuletzt im Gespräch mit westlichen Medien immer noch viele falsche Bilder berichtigen. So ist die Türkei kein islamischer oder islamistischer Staat, sondern ein Staat mit überwiegend islamischer Bevölkerung. Staat und Religion wurden nicht erst gestern, sondern schon vor mehr als 80 Jahren getrennt.

Ich werde auch danach gefragt, ob die Türkei zu Europa gehört oder ob ich ein Europäer bin. Die Antwort darauf fällt mir leicht. Denn in der Türkei hat sich Europa früh gefunden, und die moderne Türkei hat ihre Gestalt in Europa geformt. Beide gehören zusammen, und ich bin deshalb auch ein Europäer. Meine Regierung hat ein vielseitiges und tiefgründiges Reformwerk in Gang gesetzt, welches nach Europa führt. Wir wollen und werden davon profitieren, aber genau das werden die Bürger der Europäischen Union auch tun.

Längst sehen wir in der Union nicht mehr nur die Wirtschaftsgemeinschaft, sondern eine Organisation der gemeinsamen Grundwerte, einen Garanten für stabile Demokratie und Frieden unter den Völkern. Deshalb würden wir die Ziele dieser Union auch dann verfolgen, wenn wir nicht Mitglied werden könnten. Aber das werden wir. Daran glaube ich fest.

Sie werden es mir nicht übelnehmen, daß ich auch an meine Landsleute denke, die nach Deutschland gekommen sind. Ich kann in diesem Buch

Springbrunnen auf dem Sultan-Ahmet-Platz in Istanbul

viel von ihrer Bewußtseinslage erfahren, und ich bin stolz auf sie. Sie sind einstmals in die Fremde gezogen. Heute haben sie zwei Vaterländer. Die jungen Türken in Deutschland sind das neue Europa. Und in diesem Buch sehen auch sie viel von der neuen Türkei, die in die Zukunft geht. Nicht immer gerät die Zukunft besser als die Vergangenheit. Doch in der Türkei wird dies so sein.

Reste des Apollon-
Tempels in Side

Friederich Mielke

Ephesos, die Hauptstadt Kleinasiens

Ephesos, die antike Großstadt an der Küste »Kleinasiens«, ist über Izmir oder Bodrum bequem zu erreichen. Heute quält sich kein Pilger mehr »durch ein Gebirge wüst und leer«, um das klassische Altertum zu sehen. Die moderne Türkei sorgt für Flugzeuge, Busse, Taxis, Mietwagen und gekühlte Getränke. Wer Ephesos besucht, kann sich zurücklehnen und den Ausflug in die Antike genießen.

Ephesos liegt an den Hängen eines Hügels. Der Blick von den höchsten Stufen des mächtigen Amphitheaters regt zum Träumen an, läßt Generationen von Dichtern und Philosophen, Diktatoren und Propheten – die ganze Prominenz der Antike – Revue passieren. Als größte antike Ausgrabungsstätte der heutigen Türkei renommiert Ephesos mit Prachtstraßen aus Marmor, Thermen, Tempeln, Torbögen und allem, was Freunde des klassischen Altertums fasziniert. Das »Wahrzeichen« von Ephesos ist die zweistöckige Celsus-Bibliothek, die 117 bis 120 nach Christus vom Sohn des Julius Celsus als Grabmal für seinen Vater gebaut wurde. Frauenstatuen in den Frontnischen symbolisieren *Sophie* (die Weisheit), *Episteme* (das Wissen), *Ennoia* (das Schicksal) und *Arete* (die Tugend). Ephesos ist ein Freilichtmuseum für 2000 Jahre europäische Kultur, der Besucher betritt ein historisches Zauberland.

Zwar verführen die prächtigen Ruinen dazu, sich den Alltag der Antike bequem, sauber und gepflegt wie in einer heutigen Stadt vorzustellen. Doch das Gegenteil war der Fall: Es wimmelte von Menschen, die auf engstem Raum zusammenlebten. Hygiene gab es kaum, Seuchen grassierten, und der Tod kam meist vor dem 30. Lebensjahr – der Alltag war brutal. Selbst der erste Prominente aus Ephesos, der legendäre König Krösus, lebte primitiver als die Ärmsten der Neuzeit.

Friederich Mielke wurde 1948 in Hamburg geboren. Er arbeitet als freier Journalist, Dozent und Übersetzer und ist unter anderem Referent für internationale Politik und Kultur am Internationalen Institut für Wirtschaft und Politik, Haus Rissen, in Hamburg.

Antike Säulen in Ephesos

Krösus' Name ist immer noch Symbol für Reichtum und Macht. Sein Vermögen hatte er durch Kriegsbeute, Tributzahlungen und Goldvorkommen zusammengetragen. Als ihn die Perser bedrohten, verbündete er sich mit Babylonien, Ägypten und Sparta. Doch er unterlag dem Perserkönig Kyros und mußte die letzten 20 Jahre seines Lebens in dessen Gefolge verbringen. Sein Krösustempel – das »Artemision« – war indes gigantisch und gehörte zu den Sieben Weltwundern: In einem »Säulenwald« ragten 22 Längssäulen in Doppelreihen 19 Meter empor. Angeblich in der Nacht, in der Alexander der Große geboren wurde, brannte der Marmortempel dann 356 vor Christus ab.

Dem unglücklichen Krösus folgte Heraklit. Der »dunkle« Philosoph und älteste Vorsokratiker wurde 535 vor Christus in Ephesos geboren, hielt aber nicht viel von dessen Bürgern, so daß der Chronist Diogenis Laertius beklagte, Heraklit würfele lieber mit bartlosen Knaben im Artemis-

Die Bibliothek von Ephesos

tempel, statt sich um die Gesetze der Stadt zu kümmern. Und Sokrates befand: »Die Gedanken Heraklits sind groß, aber groß sind auch die Gedanken, die man nicht versteht.« Heraklits Gedanken zum Krieg als Vater aller Dinge und seine Lehre vom ewigen Wandel sind derweil in die Philosophiegeschichte eingegangen.

Alexander der Große war zwar kein Bürger von Ephesos, aber er unterwarf die Griechenmetropole 334 vor Christus. Er kam mit 30 000 Mann Fußvolk und 5000 Reitern auf dem Weg nach Ägypten die Küste herunter und besetzte Ephesos, Milos und Harlikarnassos, das heutige Bodrum, und befreite sie vom persischen Joch. Alexander führte die Demokratie wieder ein, doch nach seinem Tod geriet dann auch Ephesos in den Strudel der »Diadochenkämpfe«, die jeweiligen Machthaber diktierten den Ephesern nach Lust und Laune die politischen Strukturen, Demokratie oder Oligarchie wechselten einander ab.

Rom wurde immer mächtiger, und Ephesos hieß bald römisch Ephesus. Inzwischen war die Bevölkerung auf 250 000 Seelen angewachsen – eine riesige griechisch-römische Metropole, aus der die Götter Zeus, Artemis und Poseidon bald verdrängt wurden. Der Apostel Paulus lebte und predigte hier zwei Jahre lang, sein »Brief an die Epheser« gehört zur christlichen Lehre. Für Paulus war Ephesos Mittelpunkt seiner Mission in Kleinasien: Er heilte Kranke auf Straßen und Plätzen, trieb Dämonen aus und predigte in der Synagoge der jüdischen Gemeinde. Da die ephesischen Goldschmiede den Untergang des Artemiskultes und seiner lukrativen Devotionalien fürchteten, erhoben sie sich gegen die Christen, und beinahe wäre Paulus gelyncht worden. Danach verließ der Apostel die Stadt, doch bald darauf wurde Ephesos eine frühchristliche Gemeinde. Und wer weiß schon, daß die Mutter Gottes bei Ephesos gestorben sein soll? Pilger besuchen das »Haus der Jungfrau Maria« acht Kilometer südlich der Stadt bei Selçuk, das als ihr Sterbehaus verehrt wird, wenngleich andere Quellen auf ihren Tod in Jerusalem verweisen. 1891 entdeckten »Lazaristen« das »Sterbehaus« von Ephesos, indem sie den Visionen der Anna Katharina Emmerich nachgingen, einer stigmatisierten Augustinernonne aus Dülmen. Sie war zwölf Jahre an ihr Bett gefesselt, von wo aus sie detailliert die Ruinen des Hauses beschrieb. Dennoch gehören die Nonne und ihre Geschichte nicht zu den wenigen anerkannten Marienerscheinungen des Christentums. Auch die Archäologen sind sich sicher, daß es sich bei dem »Sterbehaus« um eine byzantinische Kapelle aus dem 6. Jahrhundert handelt, die unmöglich aus dem 1. Jahrhundert stammen kann.

Schon im Jahre 431 hatte man sich in Ephesos bei einem ökumenischen Konzil über die Jungfrau Maria gestritten, wobei es um die Frage ging, ob der Mutter Jesu der Titel »Theotokos« – Gottesgebärerin – zustehe. Der Patriarch von Konstantinopel hatte dies bestritten, woraufhin 200 Bischöfe und Patriarchen aus dem ganzen Mittelmeerraum nach Ephesos gekommen waren. Am Ende jedoch siegte der Marienkult: Die Stadt der Artemis war zur Stadt der Maria geworden. Sie ist vielleicht die prominenteste Bürgerin von Ephesos.

Wer gehört noch zur »Society« der Stadt am Hügel? Hadrian besuchte Ephesos und wurde fast hymnisch als »Retter« und »Gründer« gepriesen, als Dionysos und Zeus. Aber wer könnte prominenter sein als Cäsar und Mark Anton? Cäsar machte sich bei den Ephesern beliebt, als er die Abgaben der Stadt um ein Drittel reduzierte, was Mark Anton wieder rückgängig machte, als er nach Cäsars Ermordung als »neuer Dionysos« in Ephesos einzog. Er holte Kleopatra für ein dreimonatiges Rendezvous in die Stadt und nutzte Ephesos als Sammelpunkt seiner Anhänger und Hauptquartier für den Feldzug gegen Octavian bis zu seiner Niederlage bei Actium.

Doch bald folgte der Niedergang. Um 900 nach Christus hatten die Malariamücken das Sumpfgebiet am Hafen verseucht. Auf dem Hügel standen nur noch armselige Hütten. Die Seldschuken bedrohten die Stadt, der zweite Kreuzzug folgte. 1147 feierten Konrad III. und Ludwig VII. auf dem Wege nach Jerusalem Weihnachten in Ephesos. Nachdem die Seldschuken in der Johanneskirche eine Moschee eingerichtet hatten, war auch das byzantinische Ephesos untergegangen. Die ionische Stadt, die griechische und römische Metropole, die frühchristliche Gemeinde und die byzantinische Metropole waren nunmehr Geschichte. Heute liegen die Trümmer des Artemisions, der Johannesbasilika und der Isa-Bey-Moschee nur wenige Meter voneinander entfernt – Zeugen dreier Kulturen im friedlichen Nebeneinander. Das Drama von Ephesos und seiner prominenten Bewohner lebt derweil in der Phantasie seiner Besucher fort.

Folgende Seite:
Ostanatolische
Landschaft bei Artvin

Vural Öger

Eine Republik von Bestand

Am Anfang stand der Versuch der vollkommenen Zerschlagung des Osmanischen Reiches. Im Ersten Weltkrieg hatte sich die Türkei an die Seite der Mittelmächte, Österreich und Deutschland, gestellt. Doch nach dem verlorenen Krieg mußte die Türkei erleben, daß im Friedensvertrag von Sèvres das heutige Izmir und große Teile Westanatoliens Griechenland zugesprochen wurden, Italien und Frankreich erhielten die gesamte türkische Südküste und sperrten den Zugang der Türkei zum Mittelmeer, Armenien sollte Ostanatolien bekommen, und den Kurden wurde ein eigenes Territorium zugesagt. Zur Verwirklichung dieser Pläne kam es jedoch nicht, denn der General Mustafa Kemal organisierte den Widerstand und führte die Türken 1919 in die sogenannten Befreiungskriege. 1920 verhinderte er auch, daß die Griechen das jetzige Istanbul vereinnahmten. 1923 wurden im Vertrag von Lausanne die Regelungen von Sèvres verworfen. Die Türkei erhielt ihre heutige Gestalt.

Mustafa Kemal rief am 29. Oktober 1923 die Republik aus, wurde ihr erster Präsident und erhielt den Ehrennamen Atatürk – Vater der Türken. Unter seiner Regierung verwandelte sich die Türkei in einen modernen und an Westeuropa orientierten Staat. Das Kalifat und alle religiösen Gerichte verschwanden, die Kopfbedeckung der Männer, der Fez, und die Verschleierungspflicht für Frauen wurden abgeschafft. Das metrische System, die lateinische Schrift und der Gregorianische Kalender, die Einehe und Gleichstellung von Mann und Frau sowie das Wahlrecht für Frauen (1930) wurden eingeführt. Aus Deutschland übernahm man das Handelsrecht, aus der Schweiz das Zivilrecht und aus Italien das Strafrecht.

Bis zur jüngsten Neuzeit ist für die Türkei nichts so wichtig wie diese Zeit der Reformen Atatürks. Trotz unterschiedlicher Regierungen danach, trotz der Erschütterungen des Zweiten Weltkriegs, die auch die Türkei nicht verschonten, trotz aller Veränderungen in Produktions- und Lebensweise

Vural Öger wurde 1942 in Ankara geboren. Nach seinem Studium gründete er in Hamburg das Reiseunternehmen Öger Tours. Er ist Träger des Bundesverdienstkreuzes, Mitglied der Zuwanderungskommission der Bundesregierung und Abgeordneter des Europäischen Parlaments für die SPD.

Schüler bei einem Sportfest mit dem Porträt Atatürks

ist Staatsgründer Atatürk der Schlüssel zum Verständnis des Landes und Motor des Fortschritts geblieben. Der Kemalismus als politische Philosophie, die vor allem die Trennung von Staat und Religion (Laizismus) und die Souveränität des Volkes beinhaltete, beseelt das fortschrittliche Bürgertum und das Militär bis heute.

Ihre außenpolitische Neutralität gab die Türkei erst gegen Ende des Zweiten Weltkriegs auf und erklärte Deutschland den Krieg. Zahlreiche deutsche Wissenschaftler und Künstler hatten vor 1933 in der Türkei Zuflucht gefunden. Ihr Einfluß auf die weitere Entwicklung des Landes erwies sich als ungemein wertvoll und wurde einer der Bausteine für die deutsch-türkische Freundschaft, die bis heute anhält. Als der Kalte Krieg die Welt auf neue Gefahren zutrieb, wurde die Türkei, zusammen mit Griechenland, 1952 Mitglied des Verteidigungsbündnisses NATO. Kurz zuvor wurde die auf Atatürk zurückgehende Einparteienherrschaft seiner Republikanischen Volkspartei CHP (Cumhuriyet Halk Partisi) durch ein Zweiparteiensystem ersetzt. Zwar ist die CHP heute die einzige Oppositionspartei in der Nationalversammlung, doch ist sie beinahe in der Bedeutungslosigkeit verschwunden. Daß der Geist und die Kraft ihres Begründers abhanden kamen, hatte zur Folge, daß die Türkei immer wieder politische Krisen durchlebte und extrem widersprüchliche Koalitionen an die Macht lassen mußte.

Von den Problemen und Konflikten der jungen Republik unter Atatürk habe ich als Knabe nicht viel mitbekommen, bis das Jahr 1955 kam. Ich bin im herrlichen Istanbul aufgewachsen, das von seinen Hügeln auf blaues Meer hinabblickt und in dem viele Völkerschaften im Geist der Harmonie und des Fortschritts zusammenleben. Die kosmopolitische Stadt am Bosporus hat mich geprägt, und sie fasziniert mich noch heute. Dennoch ist die Geschichte der Neuzeit auch dort nicht ohne schreckliche Einbrüche verlaufen. Davon will ich zwei benennen.

Der erste fällt in das Jahr 1942, mitten im Zweiten Weltkrieg, in den die Türkei trotz ihrer Kriegserklärung nur indirekt verstrickt war. So litten die Türken zwar unter Hunger und Kälte, die großen Schrecken des Krieges aber berührten sie nicht. Um die Hungersnot des türkischen Volkes zu lindern,

Europäische Architektur in Istanbul – die Französische Straße

Folgende Seite: Felsenlandschaft in Doğubayazıt mit Blick auf den Ishak-Pasha-Palast

ergriff die Politik nach Atatürk zu brutalen Maßnahmen. Die Regierung mit Staatspräsident Mustafa Ismet Inönü an der Spitze verordnete zwischen November 1942 und dem März des darauffolgenden Jahres eine Vermögenssteuer, die als einmalige, als außergewöhnliche Abgabe deklariert war. Diese Zwangsabgabe traf alle Bürger der Republik, die nicht muslimischen Glaubens waren. Das brachte unmenschliche Härten gegen die Minderheiten, besonders Griechen und Juden, mit sich. Schon die Methoden, mit denen die Steuer eingetrieben wurde, waren extrem. Wer nicht innerhalb von vierzehn Tagen zahlen konnte, dessen Vermögen wurde beschlagnahmt. Betriebe und Geschäfte wurden zwangsenteignet. Mehr als 1400 Männer wurden verhaftet und zur Zwangsarbeit verurteilt, in Steinbrüche geschickt, und nicht wenige ließen ihr Leben dabei. Die Grausamkeiten dieser Tage wurden mit der Zeit als »Ausrutscher« der widersprüchlichen Politik der Kriegsjahre vergessen, doch sie wiederholten sich

Militärparade in Istanbul

auf andere Weise: Am 5. September des Jahres 1955 fuhren in Istanbul Lastwagen mit Horden von meist jüngeren Männern ein, die sich auf die Gebiete verteilten, in denen die Minderheiten ihre Geschäfte und Werkstätten unterhielten. Ich war gerade zwölf Jahre alt und ging mit meinem Onkel auf der Straße. Plötzlich sahen wir, daß die Männer Stöcke aus ihren Mänteln herausholten und sich entlang der Häuserfront verteilten. Sie begannen, die Schaufenster einzuschlagen und auf die Ladenbesitzer loszugehen, die zornig und entsetzt auf die Straße stürzten. Hohngelächter mischte sich mit Schreien der Angst und des Schmerzes. Die Männer drangen in die Geschäfte ein und warfen auf die Straße, was ihnen in die Hände fiel – Kleider und Anzüge, Stoffballen, Kühlschränke, Brote, Bücher und Schmuck. Manche, so sahen wir mit Empörung, stopften sich auch die Taschen damit voll. Dicke schwarze Rauchwolken zogen durch die Istiklal, die Straße, auf der sich heute Istanbuls junge Leute mit Vorliebe tummeln. Die Plünderer johlten. Das alles war grauenhaft, aber die Türkei hat daraus gelernt. Trotz solch bedrückender Erfahrungen hat sich der Fanatismus gegen Menschen anderen Glaubens und anderer Herkunft in der Türkei nicht auf Dauer durchsetzen können.

Das betrifft auch den Umgang mit anderen Ländern oder Kulturen. Das Verhältnis der Türkei etwa zu Griechenland ist so gut wie seit langer Zeit nicht. Die Kurden sind seit dem Ende eines mit terroristischer Gewalt geführten Bürgerkrieges auf dem Weg, sich produktiv in den Fortschritt der Gesamtgesellschaft zu integrieren. Das Milliarden-Staudammprojekt GAP wird ihre Lebensbedingungen im Südosten radikal verbessern.

Die Türkei ist den Weg nach Europa, zur Demokratie und zum Fortschritt bislang konsequent gegangen. Sie wurde nicht nur Mitglied der NATO, sondern schon 1963 assoziiertes Mitglied in den Vorläuferorganisationen der EU. Sie ist Mitglied in den Vereinten Nationen und im Europarat. Die Wirtschaft der Türkei blüht. Ankara hat eine stabile Regierung mit fähigen Außenpolitikern. Diese haben sich nicht zuletzt in Brüssel durchgesetzt – nun wird um die Aufnahme in die Europäische Union verhandelt. Für die Türkei beginnt nun ein ganz neues Kapitel ihrer Geschichte. Und damit auch für Europa.

Hans Kirchmann

Endzeit des Kemalismus – zum Wahlsieg der »Partei des Lichts« in der Türkei

Recep Tayyip Erdogan erschien am 3. November 2002 fast über Nacht auf der politischen Bühne. Das Symbol der AKP, der »Partei für Gerechtigkeit und Entwicklung«, – eine Glühbirne – steht für ihre Aufklärungskraft. Und inzwischen hat man sich in Berlin und Brüssel daran gewöhnt, daß in der Türkei eine neue Partei regiert, die nicht mit korrupten Partnern koalieren muß und die Nationalversammlung mit einer so komfortablen Zweidrittelmehrheit dominiert, daß sie Reformen in einem Ausmaß und in einer Schnelligkeit durchsetzen kann, wie es in Ankara seit vielen Jahrzehnten nicht der Fall war. Dennoch wirft die Regierungsbildung durch eine islamisch geprägte Partei bei den politischen Partnern der Türkei immer noch viele Fragen auf: Will die AKP vielleicht einen Gottesstaat? Ist sie islamistisch? Die Partei hat zwar einen gewissen Bodensatz islamistischer Mitglieder, doch der ist gering und bedeutungslos. Die anfänglichen Bedenken sind daher geschwunden.

Als politisches Gebilde ist die Republik Türkei ein Produkt Kemal Atatürks, der nach seinen militärischen Siegen 1922 die Gründung des neuen Staates mit eiserner Hand betrieb, wofür ihm bis heute mit gutem Grund gedankt wird – das Land ist mit Statuen und Büsten des großen Landesvaters übersät. Vor allem das Militär versteht sich als Gralshüter der reinen Lehre des Kemalismus. Es hat in vier Jahrzehnten dreimal und zuletzt 1980 mit blutigen Folgen geputscht, um das Staatsschiff auf seinem Kurs zu halten, und bei diesen Gelegenheiten wurde klar, daß nicht etwa alle Türken kemalistisch dachten und fühlten. Nicht nur der Islamismus, sondern vor allem linke und gewerkschaftliche

Der türkische Ministerpräsident Recep Tayyip Erdogan

Wahlkampfveranstaltung der AKP

Hans Kirchmann wurde in Essen geboren und arbeitete 20 Jahre lang als ARD-Korrespondent in Tokio und Washington. Er ist Vorstand der Deutsch-Türkischen Stiftung und Berater des Europaabgeordneten Vural Öger.

Finanzdistrikt in Istanbul

Denker wurden dabei zumeist als staatsfeindlich diffamiert. Doch sogar die einst von Atatürk gegründete Republikanische Volkspartei CHP ist unterdessen vom Kemalismus abgerückt, da sie es in den vergangenen Jahrzehnten versäumt hatte, sich einer aktiven Auseinandersetzung über neue politische Erfordernisse zu stellen. Nachdem der Kemalismus rund drei Generationen lang die politische Kultur der Türkei geprägt hatte, verhielt er sich zusehends unflexibel und dogmatisch und mündete in gesellschaftlicher Erstarrung.

Dennoch hat es die Türkei vor allem dem Kemalismus zu verdanken, daß sie auch nach dem Golfkrieg und dem 11. September 2001 stets zu den treuesten Verbündeten des Westens gerechnet wurde. Diesen Trend sahen viele nach der Wahl Erdogans zum türkischen Staatspräsidenten gefährdet. Selbst von seiten renommierter Islamwissenschaftler wie Bassam Tibi gab es zunächst Bedenken, ob eine vom Islamismus der

AKP geprägte Türkei – im Gegensatz zu einer kemalistischen Türkei – europakompatibel sein könne.

Mittlerweile zeichnen sich durch die Abkehr vom Kemalismus jedoch ganz andere Entwicklungen der politischen Strukturen ab. Wulf Schönbohm, Direktor der Konrad-Adenauer-Stiftung in der Türkei, erkennt in der Integration der AKP in das politische System eine völlig neue Qualität der türkischen Demokratie: »Liberale Demokratie, offene Gesellschaft und Globalisierung sind mit dem Islam zu einer neuen programmatischen Qualität verbunden, die für die gesamte islamische Welt Vorbildcharakter erlangen könnte.« Dies sei aber nur möglich geworden, so Schönbohm, weil die AKP nicht mehr radikal-islamistisch, sondern islamisch-demokratisch ist und die Grundprinzipien der türkischen Republik nicht in Frage stellt, sondern akzeptiert.

Viele hatten nach Erdogans Regierungsübernahme geglaubt, in der Türkei würde nun wohl bald der Heilige Krieg ausgerufen. Doch diese von Furcht und Vorurteilen diktierte Sichtweise übersah, daß die AKP zumindest nach türkischen Maßstäben geradezu revolutionär demokratisch ans Werk ging. Direkt nach der Wahl kündigte Abdullah Gül, heute Außenminister, die Absicht der AKP an, die Verfassung durch eine neue, nach »EU-Normen« definierte, zu ersetzen. Entscheidungen des Europäischen Gerichtshofs zu den Menschenrechten würden ohne jedes Zögern umgesetzt. So wurde zum Beispiel im Juli 2004 eine Reihe von Gesetzesänderungen und tiefgreifenden Reformen verabschiedet, an deren Spitze die Abschaffung der Todesstrafe stand. Wieder andere Gesetze sollten den Kampf gegen die Korruption unterstützen, die Freiheit der Medien und der Meinungsäußerung stärken sowie das Demonstrations- und Versammlungsrecht liberalisieren. Vor allem aber wurde der militärisch dominierte Nationale Sicherheitsrat umstrukturiert, der bislang mit einer solchen Machtfülle ausgestattet gewesen war, daß die Türkei nicht ganz zu Unrecht mitunter als Militärdemokratie bezeichnet wurde.

Neben der Ratifikation der internationalen Gesetze der Vereinten Nationen über bürgerliche, politische, wirtschaftliche, soziale und kulturelle Rechte im September 2003 veröffentlicht die Regierung in Ankara daher seit Januar 2004 monatlich Statistiken und Material über Verletzungen der Menschenrechte in der Türkei. Mit Hilfe eines Standardformulars soll es den Bürgern erleichtert werden, ihre Rechte bei den Behörden durchzusetzen. Die Beschwerden landen nun direkt bei einer neuen Dienststelle der Aufsichtsbehörde des Innenministeriums, deren Beamte auch als Inspektoren in Erscheinung treten, um beispielsweise den Zustand von Gefängnissen und Polizeiwachen zu überprüfen. Außerdem wurde die Strafgesetzgebung für Folterverbrechen verschärft.

Abdullah Gül, türkischer Außenminister

Ein weiteres brisantes Thema – die juristische Gleichstellung und Gleichberechtigung der Frau – war bereits vor Erdogans Regierungsübernahme im neuen Zivilgesetzbuch vom Januar 2002 angegangen worden: Neben einer Reihe von Einzelbestimmungen, die die Gewalt gegen Frauen unterbinden sollen, wurde hierbei etwa die Vormachtstellung des Mannes in der Ehe abgeschafft und das gesetzliche Mindestalter für die Eheschließung für Frauen von 15 auf 18 Jahre angehoben.

Im Zuge all dieser Reformen wurde zudem deutlich, daß es sich bei den verantwortlichen Köpfen der AKP keineswegs um religiöse Fanatiker, sondern vielmehr um weltgewandte, aufgeklärte Politiker handelt, deren Biographien oftmals ihre Wurzeln in der westlichen Welt haben – wie etwa bei dem Abgeordneten Egemen Bağis, der seit 17 Jahren amerikanischer Staatsbürger ist und in Amerika als Übersetzer für Bill Clinton, George W. Bush und Colin Powell gearbeitet hat. Auch Ali

Babacan, der die AKP-Wahlkampfzentrale aus Glas und Chrom mit vier Dutzend Experten erfolgreich leitete und nun Wirtschaftsminister ist, hat eine amerikanische Erziehung genossen und in Boston studiert. Oder schließlich Außenminister Abdullah Gül, der in London und in Saudi-Arabien studierte und in seiner Jugendzeit einen literarischen Zirkel für europäische Dichtung betrieb. Zu diesem Umfeld Güls, das geprägt war vom Glauben an die Zukunft der Türkei durch eine Anbindung an Europa, gehörte auch Erdogan, und keiner dieser jungen Leute hatte Träume vom Gottesstaat, wohl aber von Gerechtigkeit. Einige gingen eine Zeitlang in die ideologische Falle Necmettin Erbakans und seiner radikal-islamischen Refah-Partei. Doch auch dort lohnt der zweite Blick, der zeigt, daß sich die späteren AKP-Gründer mit krasser Entschiedenheit von Erbakan trennten.

Auch wenn die Hälfte der Türken nicht ein einziges Mal in ihrem Leben in eine Moschee geht, so bleibt doch der Islam die Grundreligion des Landes. Das erklärt viel von den Denkmustern einer Reihe von AKP-Führern. Was aber macht den türkischen Islam mit seinen laizistischen Traditionen aus? Unter der staatlichen Kontrolle der Kemalisten hatte er sich nie frei entwickeln können, auch nicht zu demokratischem Verhalten. Der Wahlsieg der AKP stellte deshalb eine heftige Erschütterung bisheriger Gewohnheiten dar. Muslimische Politiker nutzen heute die Möglichkeiten der Demokratie. Die Frömmigkeit, die vor allem das Bemühen um einen rechtschaffenen Lebenswandel darstellt, fand in der Demokratie eine neue Freiheit. Sie wird von vielen als Möglichkeit empfunden, den Islam endlich aktuell und zeitgemäß neu zu diskutieren. Dies ist das türkische Szenario – Islam und Demokratie stehen nicht im Widerspruch, sondern brauchen einander.

Folgende Seite:
Abendstimmung
im Istanbuler
Stadtteil Haliç

Hans Kirchmann

Zauberstadt Istanbul

Wechselnde Namen im Lauf der Geschichte – Byzanz, Konstantinopel, Istanbul. Im engeren Stadtbereich leben hier zehn Millionen Menschen, mit den äußeren Bezirken sind es 15 Millionen, dazu ist dies die einzige Stadt der Welt auf zwei Kontinenten zugleich. Wie beschreibt man einen solchen Ort? Wie der Dichter? »Istanbul, ich höre dich mit geschlossenen Augen…« – und wer dieses Poem zitiert, hat gleich einige Türken an seiner Seite, die mitzitieren, andächtig, wie bei einer Hymne. Oder wie in einem Ausstellungskatalog, der dieser Stadt mit ihrer 3000jährigen Geschichte gewidmet ist: »Unter ihrer Oberfläche und jenseits ihrer Türme eröffnen sich andere Welten – enge und intime Gassen, Schatten, hinter denen sich Erscheinungen verbergen, Orte des Zufalls und Pforten zu Abwegen. Diese nächtlichen Brüche und verborgenen Risse sind ebenso Bestandteil des städtischen Gewands Istanbuls wie sein Erscheinungsbild bei Tage und sein sonnendurchflutetes Ganzes.« Wer sich einfach einen Tag lang durch die Altstadt auf den sieben Hügeln treiben läßt, begreift, wie gut dieser Text den Geist des Ortes trifft. Majestätischer Glanz und darunter verborgene Risse…

Überall in Istanbul spiegelt sich die Geschichte Europas, in einem Aquädukt der Römer, im grünlichen Antlitz der Medusa unten in den Zisternen, in der legendären Kuppel der Hagia Sophia, der »Kirche der göttlichen Weisheit«, durch deren Öffnungen man, wenn man sich auf dem Rundgang befindet, hinaussieht in den Himmel wie ins Weltall. In der 56 Meter hohen Kuppel sah man früh ein »Abbild des Himmels«, und noch heute kann es der Besucher im Inneren des gewaltigen Baus aus dem 4. Jahrhundert so empfinden. In der Spätantike galt die Hagia Sophia als achtes Weltwunder, und lange Zeit war sie Vorbild für zahlreiche Moscheen in aller Welt.

Hier noch die Hagia Sophia als Zentrum erst des einen, des christlichen,

Die Hagia Sophia in Istanbul

und dann, seit der endgültigen osmanischen Eroberung 1453, des anderen, des islamischen Glaubens, dort am anderen Ufer der Sitz der osmanischen Herrscher im Topkapi Saray. Dies ist eine Gruppe mehrerer Gebäude, verteilt auf einer Fläche von 70 Hektar, und einstmals haben hier, auf der Spitze einer Halbinsel, bis zu 40 000 Menschen gelebt. Von hier aus sieht man auf den Bosporus, auf die Stadt und auf das Goldene Horn. Der Palast ist in verschiedene Höfe unterteilt, alle mit eigenen Toren versehen, die Verwaltung der politischen Macht hatte ihren Platz im zweiten Hof. Es gab Kasernen für die Janitscharen, Paraden fanden statt, die Leibgarden der Sultane wohnten hier. Niemand aber durfte ohne Erlaubnis in den dritten Hof, in dem die ausländischen Würdenträger empfangen wurden. Dort residierte auch der Sultan mit seinen Haremsdamen, deren Anzahl sich bisweilen auf 2000 belief. Der vierte Hof hingegen enthielt nur Parkanlagen und Gärten.

Kuppel

der Hagia Sophia

Die Istiklalstraße

Heute kann man im Topkapi-Museum den Reichtum vergangener Epochen bewundern, Juwelen und Waffen, Teppiche, Bilder und Handschriften, sowie eine Reiher islamischer Reliquien, darunter Barthaare des Propheten.

Derweil hocken auf den Molen am Bosporus aufgereiht die Kormorane und betrachten gleichmütig die Stadt. Überall riecht es nach Meer. Darüber die endlos zitternde Decke aller Geräusche des Lebens – die Millionen von Autos, die Stimmen von Verkäufern, das brausende Entzücken der Fußballfans in den riesigen Stadien, die Liebesschwüre, Seufzer, Gedichte. Die Symphonie Istanbul, durch die Gewitter und brennende Sonne ziehen und manchmal sogar Schnee. Eine Stadt ohne Grenzen, nicht in der Geschichte, nicht im Raum – jenseits des Stadtkerns kommen die Felder und Hügel, auf deren Kämmen sich, vom Abendlicht angeglüht, die vielen neuen Hochhäuser hinziehen wie die brennenden Giraffen Dalis.

Auf dem Taksimplatz brodelt die Neuzeit, Taxis und Busse umkreisen ihn, und von dort aus schlendert man die Istiklalstraße entlang, umringt und mitunter geschoben von Tausenden von Studenten, einige uniformiert, die meisten nicht anders als in Paris oder New York, keß, laut, hungrig nach Abenteuer und Liebe. Buchhandlungen, Musikshops, Boutiquen, Fastfood westlich und östlich, Diskos und Kneipen, Qualmwolken gerösteter Kastanien, Lautsprecherfetzen, ab und zu mitten auf der Straße eine altertümliche Straßenbahn, an deren Puffer sich Straßenjungen hängen. Ganz am Ende verzweigt sich die Istiklal dann in enge Gassen, in denen Schuster oder Tischler Werkstätten unterhalten, und die Straßen führen bergab hinunter zum Bosporus. Dort geht man, an den Reihen unzähliger Angler vorbei, auf der Galata-Brücke hinüber bis zum »Großen Gedeckten Bazar«, der allein schon die Reise in diese Stadt lohnen würde.

Nie hörte Istanbul auf, Zentrum des Handels, der Industrie, der Wissenschaften und Künste zu sein. In diesen Tagen aber erlebt die Stadt wie im Fieber einen Bauboom, sie zeigt, daß sie die wahre Metropole des Landes ist. Dennoch ist Istanbul keineswegs eine Ausnahme. In Ankara,

*Angler
am Bosporus*

Izmir, Bursa oder Edirne brodelt die Vielfalt der Farben, Gerüche und Töne nicht minder. Denn die Städte haben gemein, daß besonders in ihnen für die meisten Türken, mit Blick auf die Europäische Union, die Jahrhunderte des Gleichmuts, der Fügung, des Unwandelbaren vorüber sind. Kein Kismet mehr. Die Neuzeit ist über das ganze Land gekommen. Auch kehrten Millionen seiner Migranten aus allen Teilen Europas zurück, und sei es nur auf einen kurzen Besuch, und sie brachten Technik, Moden und ein anderes Denken mit sich. Heute ist Zukunft der zweite Name der Türkei.

Hans Bahmer

Einmal singen, tanzen, schneiden

Der Mann sieht aus wie Willy Millowitsch in seinen besten Zeiten, singt wie der apfelweinselige Heinz Schenk vom Blauen Bock, swingt wie Rudi Carell durch die Bühnenkulissen und schneidet wie kein anderer. Nicht Haare fallen unter seinem Messer, es sind Vorhäute, die von ihm auf das muslimisch vorgeschriebene Maß zurechtgestutzt werden – Kemal Özkan ist Beschneider, aber nicht irgendeiner der vielen Namenlosen seines Gewerbes, sondern der vielleicht berühmteste seiner Zeit.

Der Weg zu des Meisters Domizil im feinen Istanbuler Stadtteil Levent ist nicht zu verfehlen. Von der Hauptstraße leiten Hinweisschilder am Straßenrand den Besucher zu seinem Zielort. *Kemal Özkan sünnet sarayı* – Kemal Özkans Beschneidungspalast, ist da zwischen dem Werbeschild einer Bank und dem der türkischen Fußballföderation zu lesen. In einem schönen Rosengarten angekommen, begegnet man dann Özkan zunächst in Form eines Denkmals, das auf einem Sockel zwischen algenbesetzten Wasserbecken in den Himmel ragt.

Auf dem verwaisten Gelände kehrt nun langsam Leben ein. Ganze Familien rücken an, im Gefolge ihren jüngsten Sproß, der heute beschnitten werden soll. Ein ganz besonderes Fest im Leben eines türkischen Jungen. In der traditionellen Kleidung, die eigens für diesen Anlaß angeschafft wird, sieht er aus wie ein exotischer Märchenprinz. Mögen es die Eltern eher modern, trägt ihr Nachwuchs Lackschuhe, schwarze Hosen, weiße oder schwarze Weste, Fliege und ein feines Jackett. Alles in allem eine teure Angelegenheit, zumal ja noch die Beschneidungskosten hinzukommen, aber schließlich wird man nur einmal im Leben beschnitten. Seit über 30 Jahren übt Özkan seinen Beruf nun schon aus, und er hat ein Konzept entwickelt, das ihn weit über die türkischen Landesgrenzen hinaus berühmt und zu einem angesehenen, wohlhabenden Mann gemacht hat.

Hans Bahmer wurde 1948 geboren und war in den Niederlanden und der Türkei als Lehrer tätig. Er publizierte u. a. Reisereportagen sowie Arbeiten zu Kinder- und Jugendthemen.

Für die Beschneidungszeremonie kostümierter Knabe

Am heutigen Sonntagnachmittag begeht der Meister seine 102262ste Beschneidung, insgesamt stehen zehn Operationen an. Eher ein gemütlicher Nachmittag, jedenfalls für einen Mann, der es, wenn auch mit 50 Helfern, schon auf 2300 Beschneidungen an einem Tag gebracht hat. Zur Begrüßung seiner Klienten, die alle zwischen fünf und dreizehn Jahre alt sind, dem optimalen Beschneidungsalter, hat sich Özkan auf ein Sofa neben dem Eingang niedergelassen. Dort leuchtet er fast ganz in Weiß, weiße Schuhe, weiße Hose, schwarzweißes Hemd. Sein linkes Handgelenk schmückt eine Golduhr mit dem Porträt Atatürks, rechts funkelt ein goldenes Armband, vom Hals baumelt ein großes goldenes Amulett, auf dem arabische Schriftzeichen aus glitzernden Steinen funkeln. Die Finger spielen mit einer Gebetskette, ab und zu telefoniert er mit seinem Handy. Mit großer Ehrerbietung begrüßen die Kinder den Meister, der vom Küßchen geben bis zum sportlichen Abschlagen alle Begrüßungsformen

Beschneidung in der Milli-Görüş-Moschee in Kassel

beherrscht. Jedes Kind trägt ein Namensschild, auf dem auch der Name des Fußballvereins steht, für den der Junge schwärmt. Pünktlich um 14 Uhr intoniert die Kapelle eine orientalische Melodie. Danach erscheint ein bunt gekleideter Clown, der die Fahne von Galatasaray, des erfolgreichsten türkischen Fußballvereins, schwenkt und das Fanlied der Saison anstimmt, das vom Saalpublikum aus voller Kehle mitgesungen wird. Auf dem Programm steht anschließend ein Tänzchen der Jungen mit ihren Müttern – weiterer Schritt auf dem langen Weg zum Mann. Der Clown führt die Jungen dann von der Tanzfläche zu einer, man glaubt es kaum, Eisenbahn. Deren Wagen bestehen aus überdimensionalen Fußbällen in den Farben der türkischen Fußballvereine.

Nach einigen Runden stoppt der erste Wagen plötzlich neben einem Helfer Özkans, der für die lokale Anästhesie zuständig ist. Dazu bekommt der erste Junge eine Spritze in die Peniswurzel. Nach dieser Prozedur können Clowns und Eltern die Tränen auf manchen Gesichtern nicht mehr verhindern. Während die Jungen, mehr oder weniger zusammengesunken in ihrem Fußballsitz, bedrückt darauf warten, an die Reihe zu kommen, wird auf der Tanzfläche weiter fleißig getanzt, und Özkan singt dazu. Die Kinder haben inzwischen in den Sesseln auf einer Art Empore Platz genommen, dem Meister wird ein weißer Kittel gereicht. Vor ihm steht ein Riesen-Fußball, darin kauert bereits einer der Jungen, und mit ihm die Angst, die weder Betäubungsspritze noch Unterhaltungsprogramm vertreiben können. Mit hunderttausendfach geübtem Handgriff führt Özkan den Elektrokauter und trennt die Vorhaut ab. Den meisten Kindern stehen die Tränen in den Augen, manche halten sich die Nase zu, wegen des Geruchs nach verbrannter Haut. Während des Beschneidungsaktes betet der Imam, so wird noch einmal deutlich, daß hier eine religiöse Zeremonie vollzogen wird. Wer diese überstanden hat, bekommt einen Beschneidungsausweis und einen Anhänger mit dem Porträt Atatürks und wird gefeiert wie ein Held. Das ganze wird nicht nur über mehrere Monitore in den Raum übertragen, sondern kann auch als Video mit nach Hause genommen werden. Musik, Gesang, Tanz ... und dann ist der 102263ste an der Reihe.

Folgende Seite:
Nacht über
der Bosporus-Brücke

Christoph Daum

Tollhaus Rasen

Fußball in der Türkei ist eine mediterrane Mischung aus Gesängen, bengalischem Feuerwerk, totaler Identifikation mit den Mannschaften und attraktivem Offensivfußball. Der türkische Fußball verbindet und vereint alle Gesellschaftsschichten, und jede Besprechung, jede Feier, jede Veranstaltung und jedes Treffen nimmt Anteil an den Geschehnissen rund um das Leder. Egal ob jung oder alt, ob arm oder reich, ob weiblich oder männlich, Fußball ist das alles beherrschende Thema in der Türkei. Die Identifikation mit einem Verein, mit einem Spieler oder der Nationalmannschaft stellt für viele Türken oft die einzige Möglichkeit dar, sich aus der anonymen Masse abzuheben und sich Anerkennung und Lebensfreude zu verschaffen. Freizeit und Hobbies drehen sich daher um fast nichts als um Fußball, weil der Gameboy, der PC, das Mountainbike oder andere kostspielige Dinge für viele nicht erschwinglich sind. Darum hat der Fußball hier auf den Straßen und Hinterhöfen, auf Wiesen und Bolzplätzen, in den Teestuben und Wohnzimmern noch eine Seele. Besonders erfreulich ist, daß das Interesse der Frauen am Fußball enorm zugenommen hat.

In der Türkei wird man nicht nur in eine Familie geboren, sondern gleichzeitig in einen Verein. Dort bleibt man sein Leben lang. Das eigene Leben dreht sich irgendwie immer um diesen Verein, seine Spieler und natürlich um die aktuellen Ergebnisse und Plazierungen. Geht es dem Verein gut, geht es den Anhängern gut. Alle persönlichen Probleme scheinen sich im Kosmos des Fußballs für eine gewisse Zeit aufzulösen oder zu potenzieren. Hat Fener gewonnen, dann sind für über 30 Millionen Fans die Alltagssorgen nicht mehr wichtig. Hat Galata verloren, sind 15 Millionen im Gemüt getroffen, oder wie es in der Türkei heißt: »hasta« – vorübergehend krank. Mit Beşiktaş fiebern zehn Millionen, daß ihr Verein wieder den Sprung an die Spitze schafft, und mit Trabzon möchten drei Millionen beweisen, daß auch abseits der Metropole Istanbul erfolgreich Fußball gespielt wird. Die

Fans von Beşiktaş Istanbul mit bengalischem Feuer

Jubelnde Fans von Fenerbahçe Istanbul

Christoph Daum wurde 1953 in Oelsnitz geboren. Nach seiner Zeit als Fußballprofi wurde er 1992 als Trainer des VfB Stuttgart Deutscher Meister. 2003 gewann er die österreichische Meisterschaft. Heute lebt er in Istanbul, wo er mit Beşiktaş und Fenerbahçe bereits dreimal Türkischer Meister wurde.

restlichen Millionen Fußballbegeisterter verteilen sich gleichmäßig auf die anatolischen Vereine. Selbst in den abgelegensten Orten der Türkei wird leidenschaftlich über Fußball diskutiert. Diese Leidenschaft und Liebe wird durch die Medien unterstützt und gesteigert. Über zehn Fernsehkanäle und ebenso viele Zeitungen berichten rund um die Uhr über den Fußball. Selbst Nebensächlichkeiten bekommen durch martialische Überschriften und reißerische Kommentare einen bedeutsamen Informationscharakter. Spekulationen, Meinungen und Fakten sind oft nicht voneinander zu unterscheiden. Das Privatleben der Spieler wird genauso akribisch durchleuchtet und abgebildet wie die Spielzüge auf dem Feld.

Fenerbahçe-Trainer Christoph Daum

In den letzten Jahren wurde die gesamte Infrastruktur des türkischen Fußballs deutlich verbessert, und die meisten Erstligisten verfügen über hervorragende Trainingszentren, die sich mit höchsten europäischen Standards messen können. Modernste Fitneß- und Rehabilitationseinrichtungen und eine solide medizinische Versorgung sind in der Türkei so selbstverständlich wie computergestützte Spielanalysen. Die Trainerausbildung wurde ständig verbessert, so daß die Türkei über eine Vielzahl gut geschulter Trainer mit fundiertem Fußballwissen verfügt. Gleichzeitig wurde gezielt in die Nachwuchsförderung investiert, und das Reservoir an türkischen Talenten auch für den internationalen Fußball wird weiter sprudeln. Fußball geht in der Türkei jeden an, und jeder hat das Recht, die abenteuerlichsten Behauptungen und die gewagtesten Vermutungen aufzustellen. Ist in vielen Ländern Europas ein Vereinsverantwortlicher verpflichtet, die Ziele seiner Mannschaft mit Optimismus und Realismus zu beschreiben, so muß er im türkischen Fußball überzogene Ziele als fast selbstverständlich erreichbar darstellen. Maßlose Enttäuschung ist vorprogrammiert. Doch Versuche, die angestrebten Ziele realistisch darzustellen, werden als Vertrauensbruch gegenüber den Fans oder der eigenen Mannschaft angesehen. Mit traumhaften Ankündigungen zu überziehen und Euphorie schüren ist weitaus willkommener, als mit Geduld und dem notwendigen Respekt gegenüber den anderen Teams aufzutreten. Dadurch geht dem Fußball in der Türkei mitunter die notwendige Portion Realitätssinn verloren, und die ohnehin emotionale Atmosphäre wird zusätzlich aufgeladen. Trotzdem bleibt festzustellen, daß die Stimmung innerhalb der Stadien eine unglaubliche Faszination auf die Zuschauer ausübt und der treue Fan auch in kritischen Phasen seinen Verein rückhaltlos unterstützt.

Die Derby-Spiele nehmen einen besonders hohen Stellenwert in der Meisterschaft ein und sind über Wochen im voraus ausverkauft. Es wäre in den meisten Stadien Europas unvorstellbar, daß schon Stunden vor dem Anpfiff das Stadion gefüllt ist und die Fans sich mit rhythmischen Gesängen aufwärmen. Betritt der Gegner das Spielfeld, erschallt zur Einschüchterung ein ohrenbetäubendes Pfeifkonzert, das sich bei Erscheinen der Heimmannschaft in frenetischen Jubel wandelt. Das anschließende Spielgeschehen wird meist intuitiv und noch zu wenig durchdacht zelebriert. Die Disziplin der Spieler hat sich zwar deutlich verbessert, doch in kritischen Situationen dominiert leider eher das Gefühl als der Verstand. Die sehenswerte Einzelaktion scheint oft bedeutsamer als das organisierte Mannschaftsspiel. Der ungeheure Erfolgsdruck und die fanatische Rivalität der Clubs untereinander stellen hohe Ansprüche an die psychische Stärke von Spielern, Trainer und Vereinsführung. Dennoch verlaufen so gut wie alle Spiele in geordneten Verhältnissen, Ausschreitungen sind die Ausnahme. Alle Vereine und der türkische Fußballverband bemühen sich, in Zusammenarbeit mit den örtlichen Sicherheitskräften und Fangruppen für eine friedliche Atmosphäre rund um die Spiele zu sorgen. Wer es versteht, in diesen Turbulenzen, »auf der Achterbahn der Emotionen«, Gelassenheit und Übersicht zu bewahren, den kann so leicht nichts mehr auf dieser Fußballwelt aus der Bahn werfen. Die Türkei bleibt ein Land des Fußballs.

Folgende Seite:
Nacht über
dem Bosporus

Selim Özdogan

Schweinerippen

Selim Özdogan wurde 1971 in Köln geboren. Er veröffentlichte Erzählungen und u. a. die Romane »Es ist so einsam im Sattel, seit das Pferd tot ist« (1995), »Mehr« (1999) sowie zuletzt »Die Tochter des Schmieds« (2005). Er lebt und arbeitet als freier Autor in Köln.

Mein Türkeibild war lange Zeit geprägt von den Erzählungen meiner Eltern, von unseren Urlauben in der Türkei und – das habe ich mit vielen Deutschen wohl gemein – von den Türken, die in Deutschland leben. Von Leuten, die in den Sechzigern meist aus einer wirtschaftlichen Notsituation heraus ihre Dörfer und Städtchen verlassen haben, um hier Geld zu verdienen. Menschen, die auch schon in der Türkei nicht die fortschrittlichsten gewesen sind.

Ich lernte also als Kind, daß Türken sehr traditionsverbunden und eher konservativ sind, daß sie gastfreundlich, fröhlich, kinderliebend, herzlich und offen sind, daß sie Hunde und Katzen nicht als Haustiere ansehen, daß einige ihre Frau verhüllen und nahezu alle ihre Töchter als Jungfrauen in die Ehe schicken. Sie reden gerne, laden Menschen zum Essen ein und sind der Überzeugung, daß jeder zwei warme Mahlzeiten am Tag braucht. Das habe ich auch lange geglaubt. Erst in der Grundschule lernte ich die deutsche Tradition des Abendbrots kennen und war schockiert. Jahrelang abends nur belegte Brote? Das erschien mir schlimmer als Stubenarrest. Ich lernte also von meinen Eltern, daß wir warm essen, weil sich das so gehört, aber kein Schweinefleisch, weil sich das eben nicht gehört. Als ich ein Kind war, habe ich fast alles geglaubt, was meine Eltern mir über die Türkei erzählt haben. Doch ich wußte schon mit fünf Jahren, daß die Deutschen mitunter falsche Vorstellungen von den Türken haben. Es ist zum Beispiel ein weitverbreiteter Irrglaube, daß alle Türken schwarze Haare haben. Mein Großvater war blond und galt beileibe nicht als Exot. Es dauerte noch einige Jahre, bis ich eine Theorie darüber entwickelte, wie solch ein Irrglaube zustande kommt: Die blonden Türken werden hier auf den ersten Blick gar nicht als Türken wahrgenommen.

Und es dauerte auch einige Jahre, bis ich entdeckte, daß die Türkei ganz anders war, als ich sie mir immer vorgestellt hatte. In meinem Kopf war

Deutschtürkische Familie in Berlin

dieses Land lange Zeit ein Original, das wir hier in Ermangelung anderer Möglichkeiten kopierten. Es mag eine Zeit gegeben haben, Anfang der sechziger Jahre, in der das Original – das Leben in der Türkei – und die Kopie – die Vorstellungen der hiesigen Migranten vom Leben in der Türkei – tatsächlich noch einigermaßen übereingestimmt haben. Nur aufgrund der Entfernung wurde bei der Kopie einiges verklärt und beschönigt. Doch mit der Zeit veränderte sich das Original, und ich stellte fest, daß es wenig mit meinen Vorstellungen gemein hatte.

Wenn meine Eltern mir sagten, daß es gut sei, freigebig zu sein und Menschen einzuladen, daß Herzen wichtiger seien als Geld, dann schwang da mit, daß das in Deutschland zwar nicht so ist, aber ein Teil unserer Tradition, den wir weiterleben lassen. Ein Teil unserer Gastfreundschaft. Wir waren ein geselliges Volk mit offenen Taschen. Das begeistert bis heute noch viele Türkeiurlauber, aus dem einfachen Grund,

daß sie häufig gar nicht mitkriegen, wie sie auf einmal auf der anderen Seite des Tisches landen.

Die Originale waren gar nicht so gastfreundlich, wie ich geglaubt hatte, sie waren vor allem auf mein Geld aus, zumindest in den touristischen Gebieten. Doch der Tourismus hat sich in der Türkei erst in den letzten zwanzig Jahren entwickelt, als meine Eltern das Land längst verlassen hatten. Sie kennen noch die gute alte Mentalität des Teilens, die zwar noch in vielen Großfamilien erhalten geblieben ist, aber auch dort langsam schwindet.

Während hier die türkischen Mädchen immer noch als Jungfrauen in die Ehe gingen, wohnte meine Cousine in Istanbul in einer Frauen-WG, wo ganz selbstverständlich auch Männer übernachteten. Als ich das erlebte, ging es mir so ähnlich wie bei der Entdeckung des Abendbrotes der Deutschen. Ich hatte gar nicht gewußt, daß es so etwas gab.

Junge Frauen in Istanbul

Biker auf der Bosporus-Brücke

So veränderte die Realität des Originals meine Kopie. Und als ich dann, es muß Anfang der Neunziger gewesen sein, mit den Frauen aus der WG und ihren Freunden im Istanbuler Hardrock-Café essen war und auf der Karte Spare-Rips standen, da wußte ich, daß dieses Land viel weiter von meiner Kopie entfernt war, als ich angenommen hatte. Während meine Landsleute in Deutschland Angst vor Schweinegelatine in Gummibärchen hatten, konnte man in Istanbul Schweinerippen mit Pommes frites bestellen. Später erfuhr ich, daß es sogar Schweinefarmen gab. Wieso auch nicht, schließlich ist die Türkei ein laizistisches Land und kein Hort radikaler Moslems, die jeden, den sie mit einer Schweinelende erwischen, durch die Straßen jagen, um ihn zu lynchen.

Von da an waren mir die Augen geöffnet für die Türkei, die nichts mit der Kopie in meinem Kopf zu tun hatte und ebensowenig mit den Vorstellungen von Leuten, die offensichtlich glauben, das Land sei ein Paradies

Straßenszene im Istanbuler Stadtteil Ortaköy

für Männer, die Ehrenmorde begehen oder zumindest ungestraft ihre Frau schlagen wollen, ein verfrühtes Eden für Fundamentalisten und Konservative. Oder auch Menschen, die glauben, die Türkei sähe in etwa so aus wie Berlin-Kreuzberg, nur ohne diese alternativen Deutschen und mit nicht ganz so vielen Dönerbuden.

Zumindest in den Großstädten ist die Türkei in mancherlei Hinsicht weiter entwickelt als Deutschland. Als meine Tante vor Jahren eine Nachbarin besuchte und die bei ihr eingehenden Anrufe auf deren Telefon weiterleitete, hatte ich das Wort ISDN schon mal gehört, die Wortkombination *automatische Rufumleitung* allerdings noch nicht. Meine Cousine, ihre Frauen-WG und alle ihre Freunde hatten schon Mobiltelefone, als diese in Deutschland noch eine Extravaganz waren, die sich Geschäftsleute und solche, die es gern sein wollten, leisteten. In der Türkei gibt es schon jetzt eine Prepaid-Kreditkarte für Kinder, die damit im Internet einkaufen können. Die Türken scheinen ein Volk zu sein, das ganz vorne mit dabei sein möchte, wenn es um technische Erneuerungen geht. Auch in der Mode sind sie den Europäern immer einen halben Schritt voraus, das behauptet jedenfalls meine Tante immer.

Während man in Deutschland den Eindruck bekommen könnte, türkische Frauen gingen, wenn sie überhaupt aus dem Haus dürfen, vor allem putzen, dann wird einem in der Türkei das sicherlich ebenso falsche Bild vermittelt, jede Familie würde eine Putzfrau beschäftigen. Es gibt Fälle, in denen Putzfrauen jemanden anstellen, der ihre Hausarbeit erledigt, weil es unter ihrer Würde liegt, auch noch die eigene Wohnung reinzuhalten.

Die Welt, wie wir sie kennen, hat sich in den letzten Jahren sehr verändert. Als ich 1990 Abitur gemacht habe, waren wir ein Jahrgang von 55 Schülern, und zwei davon haben Haschisch geraucht. Als meine Schwester zehn Jahre später auf derselben Schule das Abitur gemacht hat, war ihr Jahrgang 77 Schüler stark, und von denen haben zwei kein Haschisch geraucht. Die Gründe seien dahingestellt.

Mir schwante zwar bereits, daß die Verbreitung dieser Droge nicht nur in Deutschland stattgefunden hatte, doch unter meinen Verwandten und Bekannten in der Türkei wußte offensichtlich niemand etwas darüber. Hatten meine Eltern am Ende doch recht gehabt mit ihrer Auffassung von Deutschland als dem degenerierten Babylon, das einen mit Sex, Geld und vor allem Drogen in den Abgrund locken wollte? Ich war schon drauf und dran, das zu glauben, als ich mich in der Türkei mit einem Werbefilmregisseur traf, mit dem ich vorher nur per Mail Kontakt gehabt hatte. Wir mochten uns auf Anhieb und verbrachten zwei Tage miteinander. Joints waren in seinem Umfeld genauso alltäglich wie Anrufe auf dem Mobiltelefon. Ein Umfeld, das mir völlig fremd war, ich hatte in der Türkei noch nie mit Leuten zu tun gehabt, die mehr oder weniger erfolgreich in der Medienbranche tätig waren. Sie hatten das Gebaren von Menschen, die das Leben zwar als eine Art Party begreifen, sich aber gleichzeitig bewußt sind, daß sie ein Privileg genießen. Die meisten waren viel gereist und sehr begierig darauf, alles zu erfahren und alles zu erleben, da die Welt ihnen schon mal offenstand.

Diese Leute repräsentieren sicherlich ebensowenig die Türkei, wie Istanbul die Türkei repräsentiert, auch wenn es fast ein Fünftel der Einwohner beherbergt. Im Osten leben immer noch Menschen, die ihr Dorf selten verlassen, weil es ihnen an Möglichkeiten und Geld mangelt. Doch auch dieser unterprivilegierte Osten spiegelt sich auf gewisse Weise in der Stadt am Bosporus wider: Auf Istanbuls Müllhalden kann man Kinder beobachten, die nach eß- und verwertbaren Gegenständen suchen, während drei Steinwürfe weiter der Werbefilmregisseur einen Spot für eine Fastfoodkette dreht.

Das Bild, das man sich von der Türkei macht, ist abhängig vom jeweiligen Standpunkt, doch einer der ungünstigsten ist es, von den Türken auszugehen, die in Deutschland leben.

Die Türkei ist ein Land voller Gegensätze, zwischen Land und Stadt, zwischen Reich und Arm, zwischen modern und rückschrittlich, zwischen orientalischem Fatalismus und südländischer Lebensfreude. Diese Gegensätze mögen dazu beitragen, daß mitunter dort Gefahren lauern, wo man sie am wenigsten vermutet. Vor wenigen Jahren gab es eine Zeit, da war es gefährlich, sich in der Türkei auf dem Balkon seiner Wohnung über den Sieg der favorisierten Fußballmannschaft zu freuen, weil es unten auf den Straßen auch Menschen gab, die den Erfolg ihrer Mannschaft feierten und dabei übermütig mit scharfer Munition in die Luft schossen.

Wenn es um einen EU-Beitritt der Türkei geht, spüre ich immer wieder Angst bei den Menschen, eine Angst, die daraus resultiert, daß sie sich möglicherweise ein falsches Bild von der Türkei machen, ein Bild, das sich vor allem auf eine längst nicht mehr gültige Kopie des Lebens in der Türkei bezieht. Eine Angst, die möglicherweise trotzdem angebracht ist, wenn die Türken der EU beitreten sollten, denn dann schießen sie möglicherweise vor lauter Freude alles nieder, was ihnen in den Weg kommt.

Balat, Stadtviertel in Istanbul

Folgende Seite: Yachthafen in Istanbul

Mehpare Bozyigit

Die neuen Reichen der Türkei

Es ist nicht allein Istanbul oder Ankara, wo sich der neue Reichtum der Türkei tummelt. Schon 1930, als man den ungebärdigen Journalisten Cevat Şakir zu einer Gefängnisstrafe nach Bodrum schickte, schwärmte dieser: »Anderswo lebt man, um ins Paradies zu kommen, hier aber ist man schon angekommen.« Dabei gab es damals nur wenige Hotels und Händler, die auf der Straße am Hafen ihre Waren feilboten, und über die weiß gekalkten Mauern der Häuser lugte noch ab und zu der Kopf eines Kamels. Heute sind mit Reichtum in Bodrum nicht mehr allein Natur oder Kultur gemeint, sondern Geld, Autos, Designerkleidung, Hairstylisten, Nobelrestaurants, Fünf-Sterne-Hotels und Schmuck. Und an der Mole liegen die Yachten dicht nebeneinander und scheuern sich die Edelholzhäute.

An den Hängen, weit über die Stadtgrenzen hinaus, ziehen sich die Ketten der strahlend weißen Kubenhäuser entlang, und wer mit dem Auto nach Bodrum fährt, glaubt sich viele Meilen lang in Amerika, sieht Shops, riesige Reklameflächen, Fast-Food-Restaurants, Elektromasten, Zeichen eines puren Materialismus. Im Zentrum von Bodrum hat man dann Mühe, einen Parkplatz zu finden, und die teuersten Wagen der Welt fahren wohl nicht zuletzt deshalb pausenlos auf den Uferstraßen, vielleicht auch schlicht, um anzugeben. Bodrum ist das Santa Monica oder auch das Ibiza der Türkei. Und aus den Großstädten fährt und fliegt die kosmopolitisch angehauchte Jugend des Landes ein, um in den zahllosen Diskotheken zu tanzen und sich zu amüsieren. Die Neureichen der Türkei unterhalten in Bodrum ihre Ferienhäuser, auch den nächsten Ort, Güllük, haben sie schon vereinnahmt, sowie die Berge rundum mit Blick aufs Meer.

Jeder Reichtum hat seine Auswüchse. Auf der Bagdadstraße in Istanbul steigt ein Yuppie in seinen Jaguar, im linken Arm hält er den Zwergpudel,

Mehpare Bozyigit arbeitete als Journalistin und Schriftstellerin und gründete 1998 die Deutsch-Türkische Stiftung. Sie ist Direktorin der deutschen Repräsentanz des Verbandes Türkischer Industrieller und Unternehmer (TÜSIAD) und Trägerin des Bundesverdienstkreuzes.

Azra Akın, die türkische Miss World 2002

Folgende Seite: Swimmingpool am Bosporus

den er gerade vom Hundefriseur abgeholt hat, und mit dem silbernen Dunhill-Feuerzeug entzündet er seine Zigarette. Die Freundin kommt endlich, in Versace gekleidet, die Louis-Vuitton-Handtasche wirft sie auf den Rücksitz, der Small-Talk ist kinoreif, nichtssagend, laut. Geld spielt hier keine Rolle, Papa verdient es für diese beiden, für seine Frau, die zur Kunstausstellung mal eben nach Venedig fliegt, für sich und für seine Villa, um deren Swimmingpool-Rand er sich teure Kacheln aus Bursa hat legen lassen, für die die dortige Grüne Moschee berühmt ist.

Acht bis zehn Millionen Türken verdienen so gut wie Deutsche in vergleichbaren Berufen, aber die türkische Geldelite ist etwas Besonderes. Schon das alte Istanbul war eine europäische Stadt, und auch unter Atatürk ließen sich die Damen die Mode aus Paris kommen, noch bevor sie dort verkauft wurde. In der Türkei galt Istanbul als ein Ort voller *nezaket* und *nezafet,* voller Liebenswürdigkeit und Sauberkeit. Aber vielleicht ist Sauberkeit für *nezafet* auch nicht die einzige gültige Übersetzung. Es bedeutet nämlich auch Stil, Gediegenheit, Gepflegtheit. Diese Idealvorstellungen sind geblieben, auch wenn es von Importen nur so wimmelt. Es fällt leicht, den neuen Reichtum zu verdächtigen, wenn man sich den Gesamthintergrund von Arm und Reich vor Augen führt. Die Unterschiede sind allzu deutlich. Viele Menschen wissen kaum, wovon sie leben sollen, die jahrzehntelange Landflucht tut ihr übriges. Es gibt auch kein nennenswertes soziales Netz, das diese Leute auffängt, auch wenn es die Gecekondus gibt, über Nacht in den Außenbezirken gebaute Behelfshäuser, in denen die Armen notdürftig wohnen. Viele sehen das noch mit orientalischem Fatalismus. So hieß es in einem Leserbrief in einer Zeitung: »Wo Reichtum und Macht herrschen, gibt es auch Armut und Elend. Das ist nun mal unser unabänderliches Schicksal.« Die Mittelschicht grenzt sich stark davon ab, erreicht aber deutsches Niveau nicht und ist von jeder Schwankung der Wirtschaftslage schnell erschüttert. Erst danach kommt die Geldelite mit dem Pudel im Arm.

Und dennoch handelt es sich nicht allein um eine törichte Schickeria, sondern auch um die Mitglieder der großen Familienkonzerne, die für den ökonomischen wie demokratischen Fortschritt des Landes stehen.

Im Istanbuler Nobelviertel Nişantaşı

Diese reichen Familien sitzen zwar in ihren bewachten Villen am Bosporus, nutzen aber ihren Einfluß zusehends auch, um das alte schöne Bild der Stadt wieder herzustellen. Sie renovieren an allen Ecken und Enden, bauen neue Museen, finanzieren Universitäten, führen in ihren Betrieben soziale Unterstützung ein. Doch vorläufig schicken sie ihre Kinder noch in Privatschulen.

Das Shopping findet in luxuriösen Einkaufszentren statt, an deren Eingängen mancher zurückgehalten wird, der zu ärmlich wirkt. Innen und auch in manchen Cafés sitzen die Reichen dann in der Betrachtung künstlicher Wasserfälle, und auf der Straße stehen ein paar Frauen mit Kopftuch und schwatzen. Wenn man Glück hat, sieht man auch noch einen Wasserverkäufer alten Stils. Doch daneben zieht sich durch Istanbul Tag und Nacht eine gigantische Blechschlange von Taxis und Lastwagen. Denn den neuen Reichtum muß die Türkei unaufhörlich produzieren.

Folgende Seiten:
Der Ferienort Bodrum

Fischer in Bandırma

69

Mehpare Bozyigit

Leben in der Provinz

Es gibt Dörfer in der Provinz Tunceli, die während der Wintermonate komplett von der Außenwelt abgeschnitten sind. Die Familien müssen warten, bis sie wieder in die Stadt können, um beim Standesamt ein neugeborenes Kind zu melden, und im Krankheitsfall haben sie Mühe, einen Arzt zu rufen oder gar aufzusuchen. Im Frühling macht die Schneeschmelze aus sonst ruhigen Bächen reißende Flüsse, doch danach verwandelt der Sommer die Täler wieder in kleine Paradiese. Die Männer sitzen im Kaffeehaus und spielen Karten, Domino und vor allem *Tavla* (Backgammon). Und so ganz fehlt die Neuzeit auch nicht mehr – überall stehen jetzt Fernsehgeräte. Die Gespräche drehen sich um das Wetter, anderswo um den Anbau von Tee oder Haselnüssen, Kichererbsen, Zuckerrüben, Zwiebeln, Kartoffeln und Zitrusfrüchten, und, wenn es hoch kommt, auch Baumwolle. Und darum, wann das Dorf wohl endgültig zugrunde geht.

Denn die türkische Provinz leidet an dramatischer Landflucht. Ob an der Küste des Schwarzen Meeres, in der Hochregion von Tunceli oder im fernen Osten – überall klagen Dörfer über einen Bevölkerungsverlust von 20 Prozent oder mehr. Die Jungen haben begriffen, was es bedeutet, Geld in der Hand zu haben, damit ins Kino zu gehen oder sich ein cooles T-Shirt zu kaufen. Ab und zu sieht man im Dorf auch jemanden, der als Gastarbeiter nach Deutschland gegangen ist und nun in seinem eigenen Auto zu Besuch kommt, eine Jacke aus Lammleder und eine glänzende Uhr am Handgelenk trägt und Wunderdinge erzählt. Auch das motiviert die Menschen, der Armut genauso wie der Langeweile zu entfliehen. Keine Ochsengespanne mehr, keine Hakenpflüge und keine Handsicheln. Im Dorf stehen schon einige Häuser leer und verfallen. Nach Deutschland gehen mittlerweile nur noch wenige junge Leute, denn das ist nicht mehr so einfach wie früher. Sie suchen sich heute eher Arbeit in der intensiven

Landwirtschaft von Adana oder Antalya, dort, wo am Fuß des Taurusgebirges nie Wassermangel herrscht und die Temperaturen selten unter fünf Grad fallen. Allein hierher kommen jede Saison mehr als 300 000 Wanderarbeiter.

Die türkische Provinz hat viele Gesichter. Das aufgeklärte Muğla im Südwesten umfaßt etwas mehr als 13 000 Quadratkilometer, ist also ungefähr so groß wie Schleswig-Holstein. Dort leben 700 000 Menschen. In Mugla sind die berühmten Badeorte, Bodrum, Marmaris oder Fethiye, in die der Tourismus viel mehr Geld bringt, als mit den Eseln und Traktoren der Kleinhoflandwirtschaft jemals verdient werden könnte. Die Provinzen in der Türkei sind fast immer nach ihrer größten Stadt benannt, und so gibt es auch den Regierungssitz Muğla mit 50 000 Einwohnern, einer hübschen Altstadt und einer Universität. Hier riegelt der Winter die Bevölkerung schon lange nicht mehr vom normalen Leben ab.

Manche Provinzen haben ihre Besonderheiten, wie etwa İsparta, das mit deutscher Hilfe zu einem Anbaugebiet für Duftrosen wurde. 900 Tonnen Rosen aus der Region werden jährlich zur Herstellung ätherischer Öle genutzt. Mitunter scheut man gänzlich vor dem Begriff Provinz zurück, wie in Lykien, wo jeder Stein vom Glanz der Antike zeugt. Im Fischerort Kaş haben sich schon Alexander der Große und später die Araber sehen lassen. Kaş ist ein Urlauberziel, mit allen Ingredienzen türkischen Ferienglücks, vom türkisblauen Wasser in malerischen Buchten bis hin zu kleinen Restaurants und Gassen, die mit Trödlern und vielerlei Schnickschnack zum Bummeln einladen. Hierher kamen vor 4000 Jahren die ersten Siedler, man vermutet von Kreta aus, und die griechische Kultur und sogar das frühe Christentum haben ihre Spuren hinterlassen. Auf dem Meeresboden findet man regelrechte Amphorenfelder und Schiffswracks, die bunte Fische ebenso wie Taucher anlocken. Auch Myra gehört zu Lykien, jener Ort, wo der Legende nach im dritten Jahrhundert nach Christus der heilige Nikolaus wirkte.

Mehr als die Hälfte aller Türken lebt noch auf dem Lande, aber nicht überall zeigt die Provinz diese lykische Mischung aus Antike und Urlaubsidylle. Meist geht es karg und oftmals ärmlich zu. Das Leben der Bauern

Folgende Seiten:
Die Felslandschaft
von Kappadokien

Traditioneller
Ringkampf in Edirne

Schafhirte in Adiyman

ist von tiefer Religiosität bestimmt, für sie ist die Dorfmoschee das Zentrum ihres Daseins. Weite Teile der östlichen Provinzen haben zudem den bewaffneten Konflikt mit der PKK hinter sich, der von beiden Seiten mit viel Brutalität und Ungerechtigkeit geführt wurde. Es gehört aber zu den tiefgehenden Veränderungen der Türkei, daß sich jetzt die Hoffnungen auf die Zukunft und auf den technischen Fortschritt richten.

Es geht dabei vor allem um die Region, die früher einmal das obere Mesopotamien bildete. So groß wie Österreich, umschließt das Gebiet heute acht türkische Provinzen, in denen rund sechs Millionen Menschen leben, die meisten davon in notorischer Armut, da es ihnen an Wasser mangelt. Doch mit einem riesigen 22 Milliarden Dollar teuren Staudammprojekt, dem Südost-Anatolien-Projekt GAP (Güneydoğu Anadolu Projesi), will man Abhilfe schaffen. GAP wird mit 22 Staudämmen fast ein Viertel des gesamten Strombedarfs der Türkei stillen und 7000 Kilometer Bewässerungskanäle nutzen, um die daniederliegende Landwirtschaft zu beleben: Reis, Baumwolle, Weizen, Linsen, Gerste und vieles mehr sollen dank des Wassers wachsen. Inmitten der Region entsteht eine Universität für Landwirtschaft, die für eine bessere Ausbildung und internationalen Wissensaustausch sorgen soll.

Das Projekt geht nicht über die Bühne, ohne Opfer zu fordern. Zwischen den Flüssen Euphrat und Tigris müssen 30 000 Menschen ihre Dörfer und Städte aufgeben, und sogar antike römische Stätten wie Zeugma, eine 2000 Jahre alte Stadt, werden unter den Fluten verschwinden. Europäische Umweltschützer, Menschenrechtler und Kulturhistoriker legten gegen das Vorhaben Protest ein, nicht so jedoch die Bevölkerung, die mit einer enormen Verbesserung ihrer Lebensverhältnisse rechnet. Der Fortschritt hat seinen Preis, aber auch seinen Lohn. Manche Bauern konnten ihre Erträge bereits mehr als verdreifachen, so daß Mißtrauen und Widerstand gegen den Bau der Zentralregierung zu schwinden beginnen.

Hinzu kommt die Versorgung der Region mit »weißem« Strom aus 19 hydroelektrischen Kraftwerken. Dies zieht ausländische Investitionen an, nicht zuletzt aus den USA. Die Regierung in Ankara rechnet damit, daß hier 3,5 Millionen Arbeitsplätze geschaffen werden. Das Pro-Kopf-Einkommen von heute soll sich langfristig verfünffachen. Damit verbindet sich die Hoffnung, die Ursachen für soziale Unruhen dauerhaft beseitigen zu können – so wie GAP überhaupt für die Hoffnung steht, Frieden und Wohlstand für viele und der türkischen Provinz eine Zukunft zu bringen.

Folgende Seite:
Kappadokien
im Mondschein

Udo Steinbach

Ein überschätztes Stück Stoff

Europa durchläuft tiefe Veränderungen – aber eines treibt die Bürger des alten Kontinents besonders um: die Begegnung mit dem Islam und die Perspektive der Mitgliedschaft von Muslimen in einem gewandelten Europa des 21. Jahrhunderts. Zwei in diesem Kontext vieldiskutierte Fragen gehören untrennbar zusammen – die Frage nach dem Symbolgehalt des Kopftuchs einer Muslima hierzulande und die Frage nach der Mitgliedschaft der Türkei in der Europäischen Union. Die Debatten entspringen dabei weniger einer nüchternen Betrachtung der Sachlage, als vielmehr einem dämonisierten Islambild, das sich hinter beiden Fragestellungen auftut. Zugleich aber zeigt sich darin eine tiefe Verunsicherung der Deutschen. Haben wir nicht die Religion – bestenfalls – tief in unsere private Sphäre abgedrängt; und können wir daher so schwer hinnehmen, daß Menschen, von denen zahlreiche türkischer Herkunft sind, ihre Religiosität wieder im öffentlichen Raum sichtbar machen?

Und die Muslime machen sich sichtbar. Zur Sichtbarkeit gehört auch die Organisation in Vereinen und Dachverbänden, die ihrer Forderung nach der Durchführung elementarer Glaubenspraxis Gehör verschaffen sollen. So wurde der Forderung nach dem Schächten (einer besonderen Schlachtart, bei der das Tier ausgeblutet wird, um das Fleisch bekömmlicher zu machen) schließlich unter Auflagen stattgegeben. Und zur Sichtbarkeit gehört auch der Wunsch, sich als Muslima durch ein besonderes Bekleidungsstück kenntlich zu machen. Der Koran schreibt nicht vor, daß es sich bei diesem Kleidungsstück um ein Kopftuch handeln muß. Aber er sagt etwas zur Kleidung einer Muslima allgemein. So heißt es in Sure 24, Vers 31: »Und sag' den gläubigen Frauen, sie sollen … darauf achten, daß ihre Scham bedeckt ist, … den Schal sich über den Schlitz (des Kleides) ziehen … « Oder in Sure 33, Vers 59: »Prophet! Sag … den Frauen der Gläubigen, sie sollen sich etwas über ihrem Gewand (über den Kopf) her-

Udo Steinbach wurde 1943 in Pethau geboren. Nach dem Studium der Islamwissenschaften und der Klassischen Philologie lehrte er an der Universität Hamburg und wurde als ausgewiesener Experte für den Nahen und Mittleren Osten 1976 Direktor des Deutschen Orient-Instituts.

Innenraum der Blauen Moschee in Istanbul

Deutschtürkin mit ihren Kindern in Berlin

unterziehen. So ist am ehesten gewährleistet, daß sie (als ehrbare Frauen) erkannt und daraufhin nicht belästigt werden.«

Der Koran verordnet also kein konkretes Kleidungsstück. Aber er gibt vor, daß sich eine Muslima, wenn sie das Haus verläßt, »züchtig« zu kleiden und dies auch etwas mit der Bedeckung des Kopfes zu tun habe. Auf welch vielfältige Weise dies freilich geschehen kann, zeigt – trotz Bilderverbots – ein Streifzug durch die Malerei der islamischen Welt, etwa im Iran, im islamischen Indien oder im Osmanischen Reich.

Der Islam kennt keine institutionelle Organisation wie die christliche Kirche. Deshalb gibt es keine kanonischen Vorschriften, wie das koranische Gebot zu praktizieren sei. Lokale vorislamische Traditionen haben bei der Ausgestaltung eine Rolle gespielt. Diese bezogen sich auch auf die Stellung der Frau in der Gesellschaft. Die Traditionen waren im stammesbewußten Afghanistan anders als in den Städten Ägyptens oder Nordafrikas und auf der arabischen Halbinsel anders als auf dem indonesischen Archipel, wo die islamische Religion mit vorislamischen, hinduistischen und buddhistischen Traditionen verschmolz. Bis in die Gegenwart hinein könnte der Gegensatz zwischen der in Afghanistan unter den Bedingungen einer archaischen Gesellschaft und der von den reaktionären »Taliban« verordneten Burka und dem schicken Kopfputz einer Kairinerin, der aus der Kollektion eines arabischen Modehauses stammt, nicht größer sein.

Es kann kein Zweifel daran bestehen, daß das Kopftuch im Islam in den letzten Jahrzehnten weltweit auf dem Vormarsch ist, und zwar nicht nur dort, wo – wie in Saudi-Arabien, Iran oder Afghanistan – eine weitgehende Verschleierung von den Regimen angeordnet wurde. Dies ist auch als Reaktion auf den Westen zu verstehen, wie ein Blick in die Historie zeigt: Die Eliten, die nach dem Ende des Zweiten Weltkriegs in der islamischen Welt zwischen Marokko und Indonesien an die Macht kamen, suchten das Heil ihrer Gesellschaften zunächst in der Verwestlichung. Das Kopftuch galt ihnen als ein Symbol des Mittelalters. Jetzt wollte man europäisch sein. Ob Mustafa Kemal in der Türkei, die Nationalisten in den arabischen Hauptstädten oder die 1925 gegründete Dynastie der Pahlawi im Iran – sie verordneten, daß der Kopf der Frau unbedeckt bleibe. Wo die nicht freiwillig erfolgte, half kräftiger Druck nach. Für sie war die Verordnung Teil der Befreiung der Frau; und diese war ein essentieller Schritt der Verwestlichung oder Europäisierung.

Nicht selten aber verhüllte die Entschleierung zugleich das Bestreben, den Islam insgesamt als geistige und gesellschaftliche Kraft auszuschalten. Hinter der Fassade der Verwestlichung konnte sich deshalb der islamische Fundamentalismus, der die Macht in Staat und Gesellschaft wieder an sich reißen wollte, aufbauen. Das Scheitern des Schahs von Persien war daher auch für andere islamisch geprägte Gesellschaften symptomatisch. Dem islamischen Religionsgelehrten Ajatollah Chomeini gelang so die Mobilisierung der Massen. Die Demonstrationskolonnen – getrennt in Männer und Frauen, die ausnahmslos in den tiefschwarzen Tschador gekleidet waren – stürzten im Iran ein Regime, das in Verruf

gekommen war. Verwestlichung bedeutete damals und dort die Unterwerfung unter einen – letztlich antiislamischen – Westen.

Für die Frau im Iran bedeutete das Kopftuch also zunächst ein Symbol des Protestes. Später wurde es von den islamischen Machthabern zu ihrer gesellschaftlichen Unterdrückung instrumentalisiert. Kein Symbol verkörpert nachhaltiger die vielschichtigen geistig-kulturellen und gesellschaftlich-politischen Wandlungsprozesse im Raum zwischen Nordafrika und Indonesien. Der Umgang mit dem von Gott selbst durch seinen Propheten verordneten, aber nicht bestimmten »Stück Stoff« kann vieles bedeuten. Man kann es ignorieren und sich auf eine innere Frömmigkeit zurückziehen. Man kann es instrumentalisieren, um im Namen eines archaisch interpretierten Islam Herrschaft zu legitimieren.

Die Palästinenserin, die als Lehrerin oder Rechtsanwältin Vorkämpferin für eine freie palästinensische Gesellschaft ist und das Haar unbedeckt

Junge Muslima

läßt, legt das Kopftuch wieder an, wenn sie aus dem Haus tritt und auf israelische Soldaten stößt; sie verkündet damit ihren Stolz als Araberin und ihre Verachtung gegenüber den Besatzern (die einer »westlichen Demokratie« angehören). Die Jordanierin greift zu dem Stück Stoff, weil sie sich als Muslima bekennen und mitteilen will, daß sie sich nicht einer Agenda des »Kampfes gegen den Terror« unterwirft, von der in der islamischen Welt weithin angenommen wird, daß sie auf amerikanische Hegemonie ausgerichtet ist.

Die Muslime in Deutschland (und Europa) sind Teil dieser so widersprüchlichen Veränderungs- und Erneuerungsbewegung. Natürlich gibt es Interessen, das Kopftuch im Sinne einer Haltung zu instrumentalisieren, die auf Abschottung ausgerichtet ist. Die überwältigende Zahl der Muslime aber schätzen die Freiheit in einem Lande, in dem die Verfassung die Religionsausübung schützt. Dazu gehört freilich für viele Frauen, daß Allah ihnen ein Stück Stoff geboten hat, mit dem sie sich als gläubige Muslima bekennen können. Und schließlich: So vorbildlich ist der Westen nicht, daß er ohne Vorbehalt nachzuahmen wäre. Deshalb verbindet sich mit dem Kopftuch ebenso der Stolz, eine Botschaft zu vertreten: Wir respektieren und genießen die demokratische Verfassung dieses Landes, in dem wir frei leben und unsere Religion praktizieren können. Aber wir haben unsererseits auch etwas anzubieten und zu vermitteln – daß nicht Freiheit und materieller Gewinn allein zählen und daß ein materielles Leben nicht lebenswert ist, wenn nicht noch etwas hinzukommt: Wärme und Zuversicht aus der Religion und Menschlichkeit im Umgang. Spätestens damit wird die kopftuchtragende Frau zu einer Bereicherung unserer Gesellschaft.

Funda Özdemir

Die unbekannten Aleviten

Ein Viertel der Türken, 20 Millionen Menschen, sind keine regulären Muslime, sondern Aleviten, eine Religion, die außerhalb der Türkei kaum jemand kennt. Manche schätzen die Aleviten sogar auf 27 Millionen. Dennoch blieben sie auch für viele Türken lange Zeit fremd, denn viele Aleviten leben unbemerkt und unbekannt mitten unter uns in Europa. In der Bundesrepublik sind es immerhin 700 000. Sie unterscheiden sich von den bekannten Muslimen, von Sunniten wie Schiiten, in ihrer Auffassung von Religion, ihrer Moral und ihrem Verständnis vom Islam an markanten Punkten. Aleviten waren von Anfang an die größten Verfechter von Demokratie, Rechtsstaatlichkeit und Laizismus. Sie waren folglich auch die stärksten Unterstützer des Staatsgründers Atatürk und seines Reformwerks, das vor über 90 Jahren begann.

Die Geschichte der Aleviten beginnt früh. Nach Mohammeds Tod, mit dem die Spaltung des Islams einsetzte, kam es zu Streitigkeiten, aus denen vor allem das Sunnitentum, die Schiiten und die Aleviten hervorgingen. Die Aleviten sehen in Ali, dem Cousin, Adoptiv- und Schwiegersohn Mohammeds, den rechtmäßigen Nachfolger des Propheten. Doch Ali wurde, wie viele seiner Anhänger, das Opfer von Meuchelmördern.

Einer der wichtigsten Vertreter und Kenner der alevitischen Minderheit in Istanbul ist der Vorsitzende von Cem Vakfı (Verein der Aleviten), Professor İzzettin Doğan. Er beschreibt das Islamverständnis des Alevitentums als das einer Glaubensgemeinschaft, die zwar auch auf dem Koran basiert, doch Religion nach den Weisungen des Propheten Mohammed in einem universellen Rahmen interpretiert und in der Philosophie des Sufismus verwurzelt ist, die den Menschen auf Erden neue Türen öffnet. Dennoch betonen die Aleviten, daß auch für sie der Koran die Quelle des Glaubens ist und sie sich die religiöse Praxis des Propheten und seiner Familie (Ehlibeyt) zum Vorbild nehmen.

Funda Özdemir wurde 1978 in Berlin geboren. Sie studiert an der Bosporus Universität in Istanbul und an der Freien Universität Berlin Kommunikations- und Politikwissenschaften. Freie Mitarbeiterin bei der TÜSIAD Deutschland.

Tanzender Derwisch

Folgende Seite: Betender Mann

Für den Alevi-Islam sind das Leben, das Universum und alle Lebewesen aus dem Geist Gottes entstanden. Sie sind sein Abbild. Daher ist kein Mensch, kein Lebewesen dem anderen überlegen. Das Zusammenleben der Menschen basiert auf Frieden, Toleranz und Nächstenliebe. Oberstes Ziel der Aleviten ist es, ohne jemanden verletzt und ohne Unrecht getan zu haben, die Erde als guter Mensch rein verlassen zu können. Die Aleviten leben nach der Lehre »Beherrsche deine Hände, Zunge und deine Lenden.« Die größte Sünde für einen Aleviten ist die Verletzung der Menschenrechte. In die alltägliche Praxis übersetzt, bedeutet die alevitische Philosophie, daß nur Wissenschaft, Vernunft und Menschenliebe Licht in die Finsternis der Gedanken bringen können. Die Devise lautet: »Mein Mekka ist der Mensch«. Und nur so können Schlechtigkeit, Vorurteile, Haß und Intoleranz besiegt, Frieden und Wohlstand erreicht werden. Beten allein reicht nicht.

Im Alevitentum sind die Menschen, unabhängig von Rasse, Farbe oder Geschlecht, einander gleichgestellt. Darum wird auch die Frau nicht benachteiligt. Mann und Frau vollziehen den *Cem*, den bedeutsamsten Gottesdienst der Aleviten, gemeinsam. Bei *Semah*, dem Tanz der Derwische, erreichen Mann und Frau eine spirituelle Nähe zum Universum und den darin lebenden Menschen und schließlich zu Gott, der Universum und Mensch erschaffen hat.

Am *Cem* kann nur der teilnehmen, der anderen Teilnehmern nichts schuldet. Die Zerstrittenen aber werden im *Cem* versöhnt. Während des *Cems* ist jeder gleichgestellt und in Frieden, sowohl mit sich selbst als auch mit seiner Umgebung. Der *Cem* wird von einem *Dede*, dem geistigen Führer der Gemeinde, geleitet. *Dedes* sind entweder die direkten Nachkommen der Prophetenfamilie Ehlibeyt, oder sie wurden von Ehlibeyt als solche akzeptiert.

Die gesamte türkische Kultur spielt im Alevitentum eine wichtige Rolle. Der Alevi-Islam ist gleichsam eine Symbiose von Islam und türkischer Kultur. Gott zeigt sich in den Menschen, und der Mensch ist immer Teil Gottes. Wer einen Menschen verletzt, verletzt also Gott, den Schöpfer aller Welten. Die Polygamie ist verboten, das islamische Rechtssystem

Gottesdienst der Aleviten im Cem-Haus

Scharia wird nicht anerkannt. Aleviten stellen mehr als die Hälfte aller Künstler in der Türkei, von Malerei bis Musik.

Die alevitische Gemeinde setzt sich für eine moderne, weltoffene und friedliche Türkei ein. Gerade heute ist sie für die Entwicklung des Landes zu einem demokratischen Rechtsstaat unverzichtbar.

Folgende Seite: Containerhafen und Bahnhof von Istanbul

Wolfgang Clement

Die Vorteile der Türkei für Deutschland

Wolfgang Clement wurde 1940 in Bochum geboren. Nach seinem Rechtswissenschaftsstudium war er unter anderem Chefredakteur der »Hamburger Morgenpost«. Seit 1970 ist er SPD-Mitglied. Von 1998 bis 2002 war er Ministerpräsident von Nordrhein-Westfalen, 2002 wurde er Bundesminister für Wirtschaft und Arbeit.

Die deutsch-türkische Partnerschaft hat sich gerade in jüngster Zeit freundschaftlich entwickelt, und sie hat im Wirtschaftsbereich eine lange Tradition. Nicht zufällig ist Deutschland der wichtigste Handelspartner der Türkei. Mit einem Außenhandelsumsatz von über 16 Milliarden Euro wurde im vergangenen Jahr eine Handelssteigerung von über zwölf Prozent erreicht.

Ein besonderer Aspekt der Rolle der Türkei als Handelspartner war seit jeher ihre strategische Lage zwischen Orient und Okzident. So ist die Türkei ein wichtiger Partner bei der Sicherung der Versorgung Deutschlands mit Energie. Die Pipelineprojekte für Erdgas und Erdöl werden die Transitleistungen der Türkei für Europa in Zukunft noch weiter erhöhen. Die türkische Wirtschaft öffnet sich dabei mehr und mehr, 2004 machten die Exporterlöse in Höhe von 54 Milliarden Euro bereits 22 Prozent des Bruttoinlandsproduktes aus – gegenüber weniger als zehn Prozent im Jahr 1993.

Das große Potential für die Entwicklung der bilateralen Wirtschaftsbeziehungen durch Kooperationen und Investitionen ist aus meiner Sicht noch lange nicht erschöpft. Auch im vergangenen Jahr haben deutsche Unternehmen durch umfangreiche Investitionen ihr Vertrauen in die wirtschaftliche Zukunft der Türkei bestätigt. Die türkische Wirtschaft hat indes die in sie gesetzten Erwartungen in vielerlei Hinsicht bereits erfüllt: Das Bruttoinlandsprodukt hat sich im Zeitraum von 1965 bis 1998 mehr als verdoppelt, die realen Wirtschaftswachstumsraten liegen seit 2002 zwischen fünf und zehn Prozent. Zudem zeichnet sich ab, daß die Reformen des Bankwesens zu einer weiteren Stabilisierung und zu geringerer Krisenanfälligkeit des Finanzplatzes Türkei beitragen werden.

Darüber hinaus hat die Ernsthaftigkeit, mit der sich die Türkei auf die Aufnahme von Beitrittsverhandlungen mit der EU vorbereitete, viele Menschen in Europa und ganz besonders bei uns in Deutschland überrascht und beeindruckt. Unsere wirtschaftlichen Rahmenbedingungen mit der Türkei sind dank der Zollunion mit der EU und dank konsequenter Reformpolitik gut. Die Aufnahme von EU-Beitrittsverhandlungen gibt ein weiteres Signal für eine verläßliche Weiterentwicklung. Die industrielle Kooperation wird stärker in den Vordergrund treten und zukünftig die Struktur unseres Warenaustausches qualitativ neu bestimmen. Das begrüßen wir. Neue Wachstumsimpulse sind natürlich auch durch verstärkte Investitionen – zum Beispiel bei der notwendigen Erweiterung der öffentlichen Infrastruktur entsprechend den EU-Standards – zu erwarten. Und zu alledem wird sich der Handel zwischen der Türkei und den EU-Ländern dynamisch ausweiten.

Das Zusammenleben mit einer großen Zahl türkischstämmiger Bürgerinnen und Bürger ist für Deutschland ein besonderes Merkmal im Vergleich mit anderen Mitgliedsstaaten der EU. Wir Deutschen haben dadurch auch ein besonderes Verständnis für das türkische Volk entwickelt. Es ist jedenfalls mein Eindruck, daß es immer mehr gelingt, Klischees und Vorurteile über einander zurückzudrängen. Dazu hat nicht zuletzt die Erkenntnis beigetragen, daß viele Türkinnen und Türken in Deutschland einen erheblichen Beitrag zu unserer Wirtschaftskraft leisten, nicht wenige von ihnen übrigens als selbstständige Unternehmer (circa 50 000 Unternehmen mit 360 000 Beschäftigten). Das unternehmerische Engagement und Talent, die Risikobereitschaft, aber auch die soziale Verantwortungsbereitschaft unserer türkischen Mitbürger verstehen wir als eine Bereicherung unseres Wirtschaftslebens.

Folgende Seiten:
Ford-Fabrik in Izmit

Die Felsenterrasse
von Pamukkale

Jost-Henrik Morgenstern
Teyfik Karaküçükoğlu

Die Wunderwelt des türkischen Tourismus

Einer der wichtigsten Faktoren für den Wirtschaftsboom in der Türkei ist der Tourismus. Allein im letzten Jahr ist er um ein Viertel gewachsen: 17,5 Millionen ausländische Urlauber besuchten die Türkei im Jahr 2004 und brachten dem Land ein Deviseneinkommen von über 13 Milliarden US-Dollar. Es überrascht wenig, daß die Deutschen unter diesen Touristen die größte Gruppe bilden. Mehr als ein Viertel der Urlauber kommt aus Deutschland – wenngleich die Zuwachsraten auf dem deutschen Markt nicht mehr an die des britischen heranreichen, wo im letzten Jahr ein Anstieg von 35 Prozent verzeichnet werden konnte. Öfter noch als Briten sind aber russische Touristen in der Türkei anzutreffen, sie machen über neun Prozent der Türkeireisenden aus.

Diese Zahlen sind um so erstaunlicher vor dem Hintergrund der weltweiten Einbußen der Tourismusbranche, die seit den Anschlägen des 11. September vielerorts hingenommen werden mußten. Die türkische Tourismusbranche scheint immun gegen diese Entwicklung, aktuelle Prognosen sehen sie in den nächsten Jahren sogar unter den erfolgreichsten zehn Tourismusregionen weltweit. Der Wachstumstrend des türkischen Tourismus ist also ungebrochen.

Dennoch lassen sich einige strukturelle Verschiebungen beobachten: Während sich der Tourismus bisher vor allem auf die Küstenregionen an Marmara, Ägäis und Mittelmeer konzentrierte, steigt nun das Interesse der Reisenden an Städtetrips zum Beispiel nach Istanbul. Eine weitere Entwicklung ist dabei die Tendenz zu immer exklusiveren Hotels. Allein Istanbul schmückt sich mittlerweile mit 28 Hotels der Fünf-Sterne-Kategorie – in Berlin sind es 16.

Jost-Henrik Morgenstern, geboren 1978, hat in Deutschland und den USA Verwaltungswissenschaft sowie am College of Europe Europäische Studien studiert und war in internationalen Organisationen im Bereich der EU-Erweiterung tätig.

Teyfik Karaküçükoğlu, geboren 1985 in Göttingen, ist Wissenschaftlicher Mitarbeiter der TÜSIAD.

Abendstimmung in einem Hotel in Antalya

Einige der türkischen Luxushotels sind dabei regelrechte Märchenpaläste, wie etwa die »World of Wonders« des türkischen Vorzeigeunternehmers Mehmet Günal, der bei Antalya den legendären Topkapi-Palast und den Moskauer Kreml nachgebaut hat. Ganz in der Nähe dieser Wunderwelt findet sich auch eine Edelherberge, mit der gleich die ganze venezianische Innenstadt mit Markusplatz und Rialto-Brücke adaptiert wurde.

Die Regierung in Ankara unterstützt die Diversifizierung des Marktes, die auch immer mehr Angebote bei Sport-, Gesundheits- und Ökoreisen mit sich bringt, ganz gezielt. Nicht zuletzt haben internationale Großereignisse, von Formel-1-Rennen bis zu politischen Gipfeltreffen, das Wachstum in der türkischen Tourismusbranche flankiert und befördert – und ein Ende des Booms scheint noch lange nicht in Sicht.

Rainer Hermann

Die mächtigen Familienkonzerne der Türkei

Längst sind die Zeiten vorbei, in denen die Türkei nur billige T-Shirts produziert und unverarbeitete Haselnüsse exportiert hat. In den vergangenen Jahren hat die türkische Wirtschaft einen Quantensprung vollzogen, und keine Akquisition dokumentiert ihn so eindrucksvoll wie der Kauf von Grundig, *des* Symbols des deutschen Wirtschaftswunders, durch ein türkisches Unternehmen. Der Käufer hieß Arçelik. Arçelik ist unbemerkt zu einem der größten Hersteller »weißer Ware« in Europa aufgestiegen. In Großbritannien gehören Arçelik-Kühlschränke unter dem Markennamen Beko bereits zu den Marktführern, in Deutschland ist Beko stark im Kommen. Arçelik ist eines der 118 Unternehmen der Koç-Holding und das Flaggschiff der größten Unternehmensgruppe der Türkei, die einen Umsatz von zehn Milliarden Euro erwirtschaftet, davon ein Drittel im Ausland.

Seit vergangenem Jahr steht Mustafa Koç der 1917 gegründeten Gruppe vor. »Die Vertreter meiner Generation sind internationaler und dynamischer als unsere Vorfahren«, sagt er selbstbewußt. In der Schweiz hat er ein Internat besucht und in den Vereinigten Staaten Betriebswirtschaftslehre studiert. Ein zweites Standbein für Koç ist die Autoproduktion. So produziert ein Gemeinschaftsunternehmen mit Fiat das Modell Doblo für den Export. Im Finanzwesen teilen sich Koç und die italienische Unicredito mit jeweils 50 Prozent die Koçbank.

Die Zeiten sind vorbei, in denen über »Made in Turkey« mitleidig gelächelt wurde. Erst 1991 wurde in Istanbul das Jeansunternehmen Mavi (blau) gegründet. In der größten Jeansfabrik Europas nahe Istanbul stellt es jedes Jahr elf Millionen Jeans her. Ein Fünftel seines Umsatzes erzielt das Unternehmen in den Vereinigten Staaten, wo Mavi unter

Rainer Hermann wurde 1956 in Lörrach geboren. Nach dem Studium der Volkswirtschaft und Islamwissenschaften in Freiburg, Rennes, Basel und Damaskus arbeitete er als Korrespondent in Kuwait. Heute ist er in Istanbul Redakteur der »Frankfurter Allgemeinen Zeitung«.

die populärsten Marken für junge Verbraucher aufgerückt ist. Ein anderer türkischer Exportschlager ist die Biermarke Efes. Sie gehört zur Anadolu-Holding, die auch mit Honda Automobile produziert. Vor einem halben Jahrzehnt noch war Efes ausschließlich auf den Inlandsmarkt ausgerichtet; heute erzielt die Brauerei die Hälfte ihres Umsatzes im Ausland. In Moskau hat Efes schon fast die Hälfte des Segments bei Qualitätsbieren erobert.

Auch das Bauunternehmen Enka ist in Rußland erfolgreich. In Moskau hat es die historische Petrowski-Passage renoviert, die Duma und das Weiße Haus, den Sitz der russischen Regierung. Daneben hat das Unternehmen von Şarık Tara und seinem Sohn Sinan in Moskau 135 000 Quadratmeter Büroflächen gebaut, die Enka an ausländische Firmen vermietet. In der Türkei selbst ist Enka, zusammen mit Shell und Bechtel, der größte private Betreiber von Kraftwerken.

Auch das Bauunternehmen Alarko macht seit 1989 in Rußland und Zentralasien gute Geschäfte. Für mehr als eine Milliarde Dollar hat es in Zentralasien Fabriken und Infrastrukturanlagen gebaut. Bülent Eczacıbaşı gehört zu den Globalisierern in der türkischen Unternehmerschaft. Zu Hause ist Eczacıbaşı mit Pharmazeutika Marktführer, mit seinem Exportschlager Sanitärkeramik und der Marke Vitra aber drängt er auf den Weltmarkt. In Deutschland hat Vitra bereits 13 Prozent des Marktes erobert, in England sechs Prozent. Fliesen von Vitra zieren das Deck der Queen Mary 2, ebenso wie die Flughäfen von Frankfurt und München. Die Liste der türkischen Erfolgsgeschichten wird von Jahr zu Jahr länger.

Mustafa Koç

Meltem Kurtsan

Die türkischen Frauen und die Welt von morgen

Wie wird man Unternehmerin? Mein Vater eröffnete 1955 mit Krediten in Istanbul eine Apotheke und fing danach an, in seinem Labor Medikamente herzustellen. Meine Mutter brachte nach der Heirat zwei Mädchen zur Welt. Erst als wir die Grundschule besuchten, begann sie mit dem Studium der Pharmazie. Danach übernahm sie die Apotheke, während mein Vater in seinem Labor arbeitete. So erlebten wir als Kinder, daß beide Eltern hart arbeiteten, was unsere Erziehung sehr geprägt hat.

So lag es vielleicht nahe, daß auch wir Schwestern beide Apothekerin werden wollten. Doch dazu kam es nie. Mein Vater hatte sein Labor zu einer kleinen Pharmafabrik ausgebaut, wo wir uns gemeinsam mit den Angestellten an den Wochenenden um die Medikamentenproduktion kümmerten, Rohstoffe abwogen, Maschinen aussuchten, die Rechnungen durchgingen und so diesen Beruf von Grund auf lernten. Auch als wir später beide heirateten und Kinder bekamen, haben wir unsere Arbeit nie vernachlässigt. Mein Vater jedenfalls förderte alle seine drei Frauen, unsere Mutter und seine Töchter, und er legte immer großen Wert auf Fleiß, Intelligenz und Kompetenz. Außerdem gab er uns allen Verantwortung, und das half enorm, uns weiterzuentwickeln. Als er starb, setzten wir sein Werk fort, immer auch im Gedenken an ihn.

Dabei vergrößerte sich das Geschäft ständig. Das Unternehmen wurde sogar so groß, daß wir Kontakt zu Firmen im Ausland aufnehmen mußten. Wir kauften Rohstoffe und Maschinen, wir exportierten unsere eigenen Produkte, Nasentropfen und Mittel gegen Übelkeit gehörten dazu, die Zusammenarbeit wuchs.

Ich bemerkte, daß die Manager in anderen Ländern, unter denen kaum

Meltem Kurtsan ist Geschäftsführerin des weltweit operierenden Familienbetriebes Kurtsan Medical Industry and Trade Inc. und Gründerin des Vereins Kadiger. Sie erhielt mehrere Auszeichnungen für ihren Erfolg als Geschäftsfrau in der Pharmaindustrie.

Meltem Kurtsan

Frauen waren, mir mitunter voreingenommen begegneten. Ich war eine Türkin, ich war eine Frau, und das befremdete sie wohl. Mein Exotenstatus machte mich stolz. Doch er erzeugte auch Unsicherheit. Warum wurde das nicht fairer und mit mehr Selbstverständlichkeit gesehen? Schließlich hatte ich ja nicht wenige Freundinnen, die ebenfalls erfolgreich im Geschäftsleben waren. Am Ende erschien es mir nur folgerichtig, daß wir uns organisierten. Vielleicht haben wir etwas spät damit begonnen, aber wir taten es. 37 Frauen kamen 2002 in Istanbul zusammen und riefen Kagider, den Verband der Unternehmerinnen, ins Leben. Schon bald gründeten wir in einer Vielzahl türkischer Städte Untergliederungen. Der Verband wuchs und wurde Mitglied im Internationalen Verband der Unternehmerinnen FCEM.

Als Gründungsmitglied und Präsidentin von Kagider kann ich mit Stolz sagen, daß es uns gelungen ist, viele Frauen in der Türkei auf ihrem Weg

Ömer Sabancı

zur erfolgreichen Unternehmerin zu unterstützen. Denn noch viel zu vielen Frauen fehlen die nötigen Voraussetzungen, um den Sprung in eine aussichtsreiche Karriere zu bewältigen. Ein großes Hindernis stellen dabei oftmals die notwendigen Bildungsstandards dar, denen viele Türkinnen nicht entsprechen können. Um dem entgegenzuwirken, organisieren wir bei Kagider verschiedene Seminare, in denen wir jungen aufstrebenden Geschäftsfrauen wirtschaftsrelevante Themen und Inhalte vermitteln. Natürlich beteiligen wir uns auch aktiv an der Planung und Umsetzung von Geschäftsideen und stehen den Frauen beratend zur Seite.

Unser Ziel ist es, immer mehr Frauen die Möglichkeit zu geben, ihre wirtschaftliche Existenz weiter auszubauen, und türkische Geschäftsfrauen auch auf internationaler Ebene zu integrieren, so daß sie am sozialen und wirtschaftlichen Entwicklungsprozeß der Türkei teilhaben und ihn vorantreiben können.

Eine unserer neuesten Initiativen ist der Womens Fund, der Organisationen unterstützt, die Frauen wirtschaftlich, politisch und sozial stärken und die Gleichberechtigung in der Türkei fördern. Diese Art von Zusammenarbeit gibt uns mehr Rückhalt, hilft uns, Gemeinsamkeiten zu finden und uns besser zu organisieren. Wir haben genug Beispiele dafür, daß Frauen stark genug sind, sich in einflußreichen nationalen wie auch internationalen Positionen durchzusetzen. So stehen heute an der Spitze der größten türkischen Holdings, bei Sabancı und Yaşar Holding, weibliche Angehörige dieser Familienunternehmen. Bei einer Vielzahl international agierender Konzerne sind die Führungspositionen der türkischen Niederlassungen mit Frauen besetzt – PWC, Shell, GAP, FritoLay, Metro AG, Merck, ABB, HSBC, JTI. Die Hälfte aller Filialleiter in türkischen Banken ist nunmehr weiblich, ebenso die Hälfte aller Professoren an unseren Universitäten – während zum Beispiel in Deutschland kaum ein Viertel der Habilitierten Frauen sind.

Meine Mutter und ihre Töchter aus der Apotheke in Istanbul sind keine Ausnahme geblieben, und es werden ihnen zukünftig immer mehr Frauen an die Spitze der Arbeitswelt folgen.

Hans Kirchmann

Zwischen Tradition und Aufbruch – zur Situation der Frauen in der Türkei

Es fällt nur dann leicht, sich von den Frauen in der Türkei ein Bild zu machen, wenn man das Land nicht kennt. Denn Klischees von ihnen gibt es zuhauf. In Wirklichkeit aber ist das Bild widersprüchlich, unstimmig, und zu oft eines der Vergangenheit eines Landes, das überall in die Neuzeit drängt – und damit vor vielen Jahrzehnten schon begonnen hat. Als Atatürk sich 1923 daran machte, als erster Regierungschef der neuen Republik seine Basisreformen umzusetzen, berichtete er entrüstet: »In einigen Orten in Anatolien habe ich gesehen, wie die Frauen ein Stück Stoff oder ein Handtuch über ihren Kopf zogen, um ihre Gesichter zu verbergen, wie sie sich umdrehen oder sich niederkauern, wenn ein Mann vorbeikommt. Was soll solches Verhalten? Meine Herren, können die Mütter und Töchter einer zivilisierten Nation so seltsame Manieren, ein so barbarisches Benehmen zeigen?«

Nach dem Ende des Osmanischen Reiches und nach dem Sieg in den Befreiungskriegen wurde mit der neuen Republik auch der Ruf nach einem »neuen Menschen« laut. Dazu gehörte zwangsläufig auch die »neue Frau«, die den Schleier fallen ließ, von der bis dato erlaubten Polygamie befreit und in Erb- und Eigentumsfragen gleichgestellt wurde. Weder mit all den neuen Gesetzen noch mit den neuesten Reformen der Regierung Erdogan wurde aber vollkommene Freiheit der Frau erreicht, auch wenn die Frauen in der Türkei das Wahlrecht eher erhielten als in Frankreich oder der Schweiz. Die Mentalität einer Gesellschaft kann man nicht allein mit Gesetzen verändern. Im Fall der Türkei kommen die Gräben zwischen Arm und Reich, Ost und West hinzu.

Immer noch werden die meisten Mädchen nach einem Wertekanon

Bäuerinnen in Harran

Tomatenernte in Izmir

erzogen, zu der Gehorsam und ein traditionelles Rollenverständnis gehören. Für viele junge Frauen ist ihr Sexualleben vor der Ehe von Unfreiheit und Furcht vor schlimmsten Sanktionen durch die Familie begleitet. Frauenrechtlerinnen in Istanbul sagen aber auch: »Wir sind sehr glücklich, daß das jetzt überhaupt öffentlich wird. Die Frauen in der Türkei haben in den letzten zwei Jahren eine Revolution erlebt.« Diese Revolution ist vor allem die Novellierung des bürgerlichen Gesetzbuches und die Strafrechtsreform von 2001, in die Frauen über 30 eigene Vorschläge einbringen konnten. Seitdem werden auch die sogenannten Ehrenmorde und Vergewaltigung in der Ehe härter geahndet.

Die Frauen der Türkei werden freier, aber sind sie wirklich frei? Man muß die Frage einengen: Welche Frauen, aus welcher sozialen Schicht, in welcher Region? Extreme traditionelle Verhaltensweisen werden nicht dadurch akzeptabler, daß sie sich vor allem in den Kurdengebieten ereig-

Junge Türkinnen

nen, also im Osten der Türkei. Aber man muß wissen, daß wir von Regionen reden, die von äußerster Armut geprägt sind, wo Konflikte meist mit Gewalt ausgetragen werden und wohin die Wirkung des in Ankara verabschiedeten Gesetzes nicht reicht, oft nicht einmal bekannt ist. Es ist mithin leichter, in Istanbul frei zu werden. Die türkischen Medien berichten höchst selten über den Osten des Landes, und dort erfährt man zu wenig vom Westen. Die politische, wirtschaftliche oder mentale Balance zwischen den Landesteilen findet kaum statt.

Fast alle türkischen Frauen arbeiten hart, besonders auf dem Lande, und jene, die ins Ausland gingen und dort ans Fließband, gehören erst recht dazu. Doch Arbeit allein verhilft noch nicht zu der Gleichstellung, die sich Atatürk einst erhoffte. Die sich auf sein Wort hin befreiten waren zunächst die Frauen der Oberschicht. Das Leitbild der gebildeten, selbstbestimmten, dem Kemalismus und dem Säkularismus verpflichteten

Frau war nur einer kleinen Gruppe, der städtischen Elite, vorbehalten. Mit der Radikalreform aus Ankara, die bereits 1924 alle islamischen Schulen beseitigte und die Schulpflicht für Jungen und Mädchen einführte, hat man sich bis heute noch nicht in allen Landesteilen abgefunden. Manche Familien weigern sich, die Kinder zur Schule zu schicken und lassen sie statt dessen Arbeiten verrichten, weil der säkular bestimmte Unterricht als bedrohlich empfunden wird.

Mit beachtlicher Geschwindigkeit dagegen entwickelte sich währenddessen die Erziehung der kemalistischen Frauen, was dazu führte, daß diese Positionen in akademisch qualifizierten Berufen erwerben konnten, Anwältinnen, Medizinerinnen, Lehrerinnen, Professorinnen wurden. Darüber hinaus ist eine neue Frauenbewegung entstanden, die sich um die Bedürfnisse aller Frauen kümmert, auch und gerade wenn sie zu den Armen gehören.

Die Schauspielerin Meltem Cumbul war u. a. in Fatih Akins Filmerfolg »Gegen die Wand« zu sehen

Diese Bewegung kommt auch aus den Armenvierteln selbst. Hier haben die Frauen ihre Hoffnungen zumeist auf die AK-Partei Erdogans gesetzt, in der sie lernen, ihre Lebensverhältnisse zu verbessern, Erziehung und Krankenversorgung zu organisieren und vor allem, sich politisch zu betätigen. Die AKP hat es geschafft, die Frauen auf breiter Ebene zu motivieren, Verantwortung für die Gesellschaft zu übernehmen. Neu ist, daß sich kemalistische wie ländliche Frauenbewegungen, also Oberschicht und Unterschicht, zu Dialog und Einheit zusammenfinden.

Die Frauen der Türkei machen sich zunehmend auch international bemerkbar. Sie nehmen an allen wichtigen Frauenkonferenzen teil, wie 1995 an der IV. Weltfrauenkonferenz in Peking, auf der die zuständige Staatsministerin eine Reihe von Reformen versprach, die inzwischen umgesetzt wurden. Am 7. Dezember 2001 empfing Papst Paul Johannes II. eine Türkin – die neue Botschafterin beim Heiligen Stuhl, Filiz Dinçmen, die ihre Beglaubigung überreichte. Der Papst sagte ihr: »Die Türkei steht sowohl in geographischer als auch in kultureller Hinsicht zwischen Ost und West, und dies ist der vorrangigste Bereich, in dem sie eine bedeutende Brücke sein kann. Die Gesellschaft ist größtenteils muslimisch und tief vom großen religiösen und kulturellen Erbe geprägt, das seit den frühen Jahrhunderten des Islam bis über die seldschukische und die osmanische Epoche weitergegeben wurde. Die Türkei blickt aber auch auf den Westen mit seinen christlichen Wurzeln.« Er hätte das auch über die Frauen der Türkei sagen können.

Ayhan Bakirdögen

Die Unternehmerin Güler Sabancı – ein Rollenmodell

Es sind Worte, wie sie von erfolgreichen Managern auf der ganzen Welt zu hören sind: »Ich habe hart gearbeitet, bekam Unterstützung und war zur richtigen Zeit am richtigen Ort«, sagt Güler Sabancı. Alles in allem ist das keine besonders originelle Erklärung dafür, an der ersten Stelle eines Unternehmens zu stehen, das 30 000 Mitarbeiter beschäftigt und sieben Milliarden Euro Jahresumsatz macht. Doch der Chefsessel steht in Istanbul. Und in der Türkei sind Frauen in Führungspositionen noch seltener als Schnee an der Küste. Güler Sabancı steht seit Mai 2004 der Sabancı-Holding vor, und ihr Amtsantritt erregte Aufsehen. Nicht nur, weil sie eine Frau ist, sondern weil sie zudem einen weitgehend vor der Öffentlichkeit verborgenen Lebensstil pflegt, der nach allem, was man weiß, wenig mit den traditionellen Gebräuchen des Landes gemein hat. Sie baut Wein an, und das mittlerweile so professionell, daß aus ihren Trauben einer der besten Weine der Türkei entsteht. Sie liebt Latinotänze. Das Rauchen hat sie allerdings vor nicht allzu langer Zeit aufgegeben. Um den Verlust der Zigarette nicht allzusehr zu spüren, bewegt sie nun fast unablässig eine *Tesbih*, eine jener Perlenschnüre in ihren Fingern, mit denen sich viele orientalische Männer die Zeit verkürzen. Sie gilt als mächtigste Frau der Türkei. Und Güler Sabancı ist ein Vorbild der westlich orientierten türkischen Frauen.

Als sie nach dem Tod ihres Onkels Sakıp Sabancı auf ihre jetzige Position rückte, war das eine Sensation. Auf den 71jährigen Patriarchen, so wurde angenommen, sollte einer seiner Brüder folgen. Die Türken hatten sich auf dem Weg zum angestrebten EU-Beitritt schon an viele Veränderungen gewöhnen müssen. Doch die Nachfolgeregelung bei einem familiengeführten Unternehmen galt als konservative Angelegenheit. Der

Ayhan Bakirdögen wurde 1961 in Istanbul geboren. Nach seinem Germanistikstudium an der Freien Universität Berlin arbeitete er unter anderem für den Berliner »Tagesspiegel«, den SFB und die »Welt«. Zur Zeit ist er Redakteur der »Berliner Morgenpost«.

Güler Sabancı

Familienclan der Sabancıs aber beschloß, die Unternehmensführung in jüngere Hände zu legen und ging damit noch einen Schritt weiter als die konkurrierende Koç-Holding, die mit dem 43jährigen Mustafa Koç einen außergewöhnlich jungen Chef kürte. Sabancı hielt mit Güler eine Frau für die beste Wahl.

Sie selbst hatte mit der Entscheidung nicht gerechnet. Auch wenn sie an Elite-Hochschulen wie der Istanbuler Bosporus-Universität zur Wirtschaftswissenschaftlerin ausgebildet wurde und lange Zeit hervorragende Arbeit in den Reifen- und Textilsparten der Gruppe geleistet hatte. Zudem wurde sie als erste Frau in den Vorstand des türkischen Industriellenverbandes Tüsiad gewählt. Mit ihrem Wissen und ihren Erfahrungen soll sie die Holding stärker an Europa binden. Analysten zufolge täte der Gruppe auch mehr Konzentration gut. Heute besitzt die Holding 60 Unternehmen in 14 verschiedenen Branchen. Dazu gehören Banken und

Suzan Sabancı

Versicherungen, Textil, Chemie, Papier und Lebensmittel. Heute ist Sabancı der größte Industrie- und Finanzkonzern der Türkei. Zu den Kooperationspartnern gehören Dresdner Bank, Toyota, Philipp Morris, Dupont, IBM und Danone.

Beobachtern zufolge hat Güler Sabancı sich etabliert und dem Konzern neuen Schwung gegeben. Sie wird im In- und Ausland akzeptiert. Das »Wall Street Journal« zählt sie zu einer der 30 einflußreichsten Frauen Europas. Die Malerei-Liebhaberin hat sich auch einen Namen als Mäzenin gemacht und ist unter anderem Vorstandsmitglied der »Istanbuler Stiftung für Kultur und Kunst«, die jährlich fünf Festivals veranstaltet.

Ähnlich wie ihr 1979 verstorbener Großvater, Hacı Ömer, der das Familienunternehmen in den zwanziger Jahren mit der Baumwollproduktion aufgebaut hatte, will auch die zierliche Frau mit der tiefen Stimme die Sabancı-Holding »erfolgreicher machen und den Investoren aus aller Welt mehr Vorteile verschaffen«. Ihr Onkel und Vorgänger Sakıp Sabancı lehrte sie Bescheidenheit und soziales Engagement. Der 71jährige hinterließ zwar ein Privatvermögen von 2,6 Milliarden Euro und wurde auf der Forbes-Liste der reichsten Menschen der Welt auf Platz 147 geführt. Doch er hatte nie vergessen, daß sein Vater Hacı Ömer als junger Mann ohne eine Lira in der Tasche zu Fuß die 450 Kilometer von Kayseri in die südtürkische Metropole Adana ging, um sich dort eine Perspektive zu suchen. Nach dem Motto »das Geld, das man in diesem Land erwirtschaftet, sollte man auch für die Menschen dieses Landes ausgeben« gründete Sakıp Stiftungen, Schulen, Universitäten, Heime, Kindergärten, Bibliotheken und Sporteinrichtungen. Seine kostbare Kunstsammlung mit Ölgemälden und osmanischen Kalligraphien hat er unter anderem im Berliner Guggenheim-Museum ausgestellt.

Abzusehen ist, daß Güler nicht die einzige Sabancı in der Führung der Unternehmensgruppe bleiben wird. An der Spitze des Flaggschiffes der Holding, der Akbank, steht Erol Sabancı kurz vor dem Ruhestand. Als Nachfolgerin wird seine Tochter Suzan gehandelt. Die unter anderem in Boston und London ausgebildete Bankerin wäre in der Türkei die erste Frau an der Spitze eines großen Geldhauses.

Fikriye Selen-Okatan

Erinnerungen einer Boxerin

Fikriye Selen-Okatan wurde 1978 geboren. Sie war Mitglied der türkischen Boxnationalmannschaft, wurde mehrfach Türkischer Meister und 1997 Europameisterin. Nach ihrem Studium in Utrecht und Köln arbeitet sie heute in der Deutsch-Amerikanischen Handelskammer in New York.

Donnerstag war immer mein schönster Tag. Die ganze Woche über mußte ich an Donnerstag denken, den Tag, an dem ich Karatetraining hatte. Ich war 13 Jahre alt, der Trainer streng. Während des Trainings durfte niemand reden. Lachen wurde bestraft. »Ich kann nicht mehr« oder gar »ich will nicht mehr« gab es nicht. Wer diesen Satz jemals aussprach, hatte die Trainingshalle zum letzten Mal betreten.

Aus Karate wurde Boxen. Aus einem Hobby Leistungssport. Plötzlich war jeder Tag ein Donnerstag. Nach überzeugenden Kämpfen und viel Öffentlichkeitsarbeit für das Frauenboxen in Deutschland erhielt ich als eine der ersten Athletinnen vom Deutschen Amateurboxverband 1995 meine Boxlizenz. 1996 wurde der Präsident des Türkischen Boxverbandes durch Zeitungsartikel und Fernsehberichte auf mich aufmerksam. Ich erhielt eine Einladung nach Ankara. Nach zwei Tagen Kennenlernen und Training im Leistungszentrum der Nationalmannschaft überreichte er mir als erster Türkin feierlich das Nationalmannschaftstrikot. Ich wurde Gründungsmitglied der türkischen Damen-Boxnationalmannschaft. Dieses Ereignis ging in die Geschichte des türkischen Sports ein. Zu diesem Zeitpunkt konnte ich die Ereignisse weder fassen noch einordnen, aber ich spürte, hier passiert gerade etwas ganz Wunderbares in meinem Leben.

Im Mai 1997 wurde in Athen das erste internationale Damenboxturnier ausgerichtet. Inoffiziell war es die erste Europameisterschaft in dieser jungen Sportart. Alle Frauen, die hier an den Start gingen, waren Pioniere in ihrer Disziplin. Die Meisterschaft lief parallel zum Akropolis-Turnier der Männer. Auf der einen Seite der Halle stiegen die Männer in den Ring, auf der anderen Seite die Frauen. Nach den vielen Jahren des Kampfes um die Akzeptanz unserer Sportart war es wunderbar, diese Art von Normalität erleben zu dürfen. Ich erinnere mich an dieses Turnier, als wäre

Fikriye Selen-Okatan

es gestern gewesen. Es gibt Ereignisse im Leben, die einem Kraft geben. Wann immer ich an diese Woche in Athen denke, fühle ich mich stark. Diesem Wettkampf folgten viele weitere, und ich wurde Türkische Meisterin und Vize-Europameisterin. Silber und Goldmedaillen, Pokale und Auszeichnungen reihten sich aneinander. Während boxende Frauen in Deutschland noch die Ausnahme waren, wurden die internationalen Erfolge der türkischen Damenmannschaft von ihren Landsleuten mit viel Interesse verfolgt und mit großer Begeisterung gefeiert. In meiner Familie waren die Reaktionen auf meinen sportlichen Erfolg sehr positiv. Meine Eltern wurden überall mit Begeisterung auf ihre Tochter angesprochen, auf dem Wochenmarkt, in der Moschee … Plötzlich war ich *bizim kızımız*, »unser Mädchen«, »unsere Fikriye!« Konservative türkische Väter nahmen ihre Töchter bei der Hand und meldeten sie zum Boxtraining in unserem Trainingszentrum an. Früher hätten diese Väter ihre Töchter nicht einmal in die Nähe unserer Trainingshalle gelassen.

Mit dem Erfolg klopften renommierte Sportmanager, Sponsoren und natürlich das Fernsehen an meine Tür. Egal ob es »Das Sportstudio«, Thomas Gottschalk oder Dokumentarfilmer waren, immer war ich Botschafterin für das Frauenboxen und Türkin in Deutschland. Selten wurde der Sport unabhängig von meiner türkischen Herkunft betrachtet. Die Themen kreisten um den Sport ebenso wie um Integration. Manchmal war es ermüdend, immer wieder mit denselben Klischees konfrontiert zu werden. Es war auch ein Kampf gegen Vorurteile. Doch wenn es auch nur in wenigen Köpfen Veränderung bewirkt hat, war es das wert.

Das Boxen betrieb ich immer parallel zu meinem Studium. Ich hätte mir niemals vorstellen können, das eine für das andere zu opfern. Ich habe den Sport geliebt, wollte am liebsten nur die Turniere leben. Meine Gedanken kreisten beständig um das jeweils letzte Training, die Worte des Trainers hallten in meinem Kopf: »Hoch die Deckung, tänzeln, Attacke links, raus, rechter Haken ...« Ein Endlosfilm. Während der Turniere wurde der Boxring zum einsamsten Platz der Welt. Aber ich wollte ihn gegen keinen anderen Ort auf dieser Erde eintauschen.

Das Trainingspensum betrug oft vier Stunden am Tag, sechs Tage die Woche. Zwei Stunden Training morgens und zwei Stunden abends, nach den Vorlesungen. Es war eine doppelte Belastung, aber ich habe es immer als Ausgleich gesehen. Wenn es sportlich schlechte Zeiten gab, habe ich mich um so mehr ins Studium vertieft. Zum Ausgleich, zum Vergessen.

Im Jahr 2000 beendete ich mein BWL-Studium, und dieses Jahr war auch sportlich mein erfolgreichstes. Deutschlands renommiertester Boxstall bot mir an, den Sport zum Beruf zu machen. Ich sollte die Nationalmannschaft verlassen und Profiboxerin werden. Meine Zukunftspläne waren jedoch andere. Ich hatte mir vorgenommen, den Sport zu beenden, wenn es am schönsten war. Ich wollte zurückblicken und sagen: »Es war schön, aber es ist vorbei.«

Ich lehnte das Angebot, Profi zu werden, ab und zog nach Utrecht, um an der Nimbas-Bradford School meinen MBA zu machen. Ich spürte, daß es an der Zeit war, sich in das nächste Abenteuer zu stürzen. Nach dem MBA war es mein Ziel, als Führungsnachwuchs in ein renommiertes Unternehmen einzusteigen und all die Disziplin und Leidenschaft, mit der ich das Boxen betrieben hatte, nun in den Beruf zu stecken. Es war klar, daß dann für den Leistungssport kein Platz mehr sein würde. Ich habe diese Entscheidung nie bereut. Wie im Sport habe ich auch für den Beruf einen wichtigen Vorsatz gefaßt. Integrität ist mir wichtig. Ich möchte mich nie verbiegen müssen, um in eine Gesellschaft oder an einen Arbeitsplatz zu passen.

Die Ziele, die ich mir damals gesteckt habe, der Übergang vom Sport ins Berufsleben, sind lange erreicht. Wieder stehe ich an einem neuen Lebensabschnitt. Im Frühjahr 2004 bin ich mit meinem Freund nach New York gezogen. Voraussichtlich werden wir einige Jahre bleiben. Ich arbeite im »German American Chamber of Commerce« in New York und berate deutsche Unternehmen in den USA. Eine spannende Aufgabe. Den Bezug zu Deutschland wollte ich nie aufgeben. Schließlich schlagen doch zwei Herzen in meiner Brust. Im Sommer haben wir in Istanbul geheiratet. Zwischen Europa und Asien, mit Familie und Freunden aus Deutschland und aus der Türkei. Es tut gut, Deutschland einmal aus der Ferne, aus einem klassischen Einwanderungsland zu betrachten. Die Themen Immigration und Integration relativieren sich.

Ich bin ein Kind der Ära Kohl. Integration war nie sein Lieblingsthema. Folglich hat er auch nie Handlungsbedarf gesehen. Aber noch weniger kann ich verstehen, daß viele Politiker sich zum Thema Integration plötzlich so verhalten, als seien die Arbeiterheere aus Anatolien gerade erst in Deutschland eingetroffen. Die Türken in Deutschland leben hier nun in der dritten Generation. Mein Vater ist bereits in Rente. Manchmal stelle ich mir die Frage, wovon in den politischen Debatten Deutschlands denn eigentlich die Rede ist.

In den zwei Welten – der deutschen und der türkischen – zu leben war für mich eine Glückssache. In meiner Familie gibt es in meiner Generation Manager, Ingenieure, Ärzte und Rechtsanwälte. Alles mit der größten Selbstverständlichkeit. Den Islam und die westliche Kultur hat niemand von uns als Gegensatz erlebt. Wir haben uns angepaßt, ohne die Eigenheiten unserer Herkunft zu verleugnen. Ich trage Deutsches und Türkisches gleichermaßen in mir. Es gibt mir die Freiheit, aus zwei Kulturen zu nehmen, was mir entspricht. Ich empfinde dies als einen großen Reichtum.

Barbara Minderjahn

Der Held von Hürriyet

Seit der Liberalisierung der türkischen Pressegesetze ist das Selbstbewußtsein der Journalisten erheblich gewachsen. Trotz gelegentlicher Schikanen durch die Behörden entwickelt sich in der Türkei eine Medienlandschaft, die durchaus mit den europäischen Ländern Schritt hält. So auch bei der größten Tageszeitung des Landes, der »Hürriyet«.

Das Büro von Fatih Altaylı, einem der beliebtesten Journalisten und Fernsehmoderatoren der Türkei, in der Istanbuler »Hürriyet«-Redaktion liegt im ruhigsten Trakt des ganzen Hauses. Ähnlich wie sein Arbeitsplatz wirkt auch Altaylı aufgeräumt und ruhig. Doch der erste Eindruck täuscht – als das Thema zur Sprache kommt, mit dem er sich zur Zeit beschäftigt, springt er auf und erzählt engagiert von der aktuellen wirtschaftlichen Situation in der Türkei: »Manchmal scheint es, als gäbe es hier keine Regeln. Einige zahlen keine Steuern, viele befolgen noch nicht einmal die Verkehrsregeln. Aber wenn in der Türkei keine Regeln eingehalten werden, dann gehören wir nicht zu Europa, denn Europa bedeutet Regeln.«

Fatih sagt, was niemand in der Türkei hören möchte. Dennoch ist er derzeit der populärste Kommentator des Landes. Der 40jährige, der als Sportjournalist angefangen hat, schreibt mittlerweile nicht nur für die »Hürriyet«, sondern leitet Rundfunkprogramme und moderiert bei Kanal D, dem erfolgreichsten privaten Fernseh- und Rundfunksender der Türkei. Das türkische Publikum liebt Fatih Altaylı – vielleicht gerade weil er in bezug auf kritische Themen absolut kompromißlos ist. Viele sehen in ihm den Mann, der entschieden gegen Korruption und Mißwirtschaft im Lande vorgeht. Doch damit ist er mittlerweile nicht mehr der einzige in der türkischen Medienbranche. Auch der ehemalige Nachrichtenchef von Kanal D, Kerimcan Kamal, erklärt: »Die Menschen rufen uns an, wenn sie bestimmte Probleme nicht allein lösen können. Überall gibt es Probleme: in den Schulen, in Krankenhäusern, überall. Die Menschen wenden sich an uns, weil sie

Barbara Minderjahn wurde 1970 in Düren geboren. Nach ihren Lateinamerika-Studien an der Universität in Köln arbeitet sie als freie Journalistin und Auslandsberichterstatterin für verschiedene Medien.

Verlagsgebäude der »Hürriyet« in Istanbul

die Macht der Medien nutzen wollen. Wir nehmen vor allem die Fälle ins Programm, bei denen es um Probleme zwischen der Bürokratie und der Bevölkerung geht, zum Beispiel wenn ein Beamter Schmiergeld verlangt. Wenn es keine anderen Mittel gibt, den Konflikt zu lösen, dann springen wir ein. Wir filmen die Typen, wenn sie das Geld annehmen, und zeigen den Leuten, was da passiert.«

Korruption und Willkür der Bürokratie auf diese Weise anzuprangern, bezeichnen einige Medienschaffende mittlerweile sogar überschwenglich als ihre demokratische Pflicht. Tatsächlich hat die vor zwölf Jahren einsetzende Privatisierung des türkischen Fernsehens Möglichkeiten für eine ganz neue Art der Berichterstattung geschaffen. Auch die Fülle der aus dem Boden sprießenden Sender deutet auf eine wachsende Unabhängigkeit der Medien hin: In der Türkei gibt es allein 24 nationale Fernsehsender. Hinzu kommen mehrere hundert regionale Kanäle, darunter auch einige,

Starmoderator Fatih Aytalı (links) mit dem CHP-Vorsitzenden Deniz Baykal

die in kurdischer Sprache senden. Doch noch längst nicht alles, was aus dem Äther zu den Menschen dringt, hat mit politischem Journalismus zu tun. Bei Kral-TV und Number 1 steht beispielsweise Musik im Mittelpunkt. NTV, anfangs auf Neues aus Politik und Wirtschaft konzentriert, hat seinen Schwerpunkt mittlerweile auf Sport verlagert. Und auch Sender wie ATV, Kanal D, Show-TV und Star setzen auf Unterhaltung. Andere Programme wiederum sind zwar durchaus politisch, berichten aber tendenziös. Wer beispielsweise TGRT oder Kanal 7 einschaltet, erkennt ohne weiteres die nationalistische und religiöse Positionierung dieser Sender.

Auch die Printmedien sind trotz zahlreicher Gelöbnisse, einen Gesinnungswandel vollzogen zu haben, teilweise noch recht weit von einer differenzierten, kritischen Berichterstattung entfernt. Viele Zeitungen sind reißerisch im Stil der englischen Yellow Press aufgemacht. Eine Ausnahme hiervon war schon immer die »Cumhuriyet«, ein grundsätzlich demokratisches Blatt, das allerdings so kemalistisch eingestellt ist, daß es in jüngster Zeit Leser verloren hat. Ohnehin konzentriert sich der Einfluß der Zeitungen überwiegend auf die Großstädte und dort auch nur auf eine beschränkte Leserzahl. Trotz der gegebenen Vielfalt in der Medienlandschaft ist es zum jetzigen Zeitpunkt also noch übertrieben, von wirklich freien, unabhängigen Medien in der Türkei zu sprechen. Zumal staatliche Instanzen, wie der 1994 gegründete Medienrat (RTÜK), nach wie vor kontrollieren, ob die Programme und Publikationen der ethischen Norm entsprechen. Bei sexuell freizügigen Bildern etwa können noch Sendesperren von bis zu drei Tagen verhängt werden.

So dankbar die türkischen Zuschauer also über die Privatisierung des TV-Programms in den neunziger Jahren zunächst waren, so wenig haben sich deren Verheißungen erfüllt. Zu flach, zu grell, zu inhaltsleer kommen die neuen Sender daher. Sensation statt seriöser Berichte, billig produzierte Serien und immer wieder Werbung – die Redaktionen müssen erst noch lernen, mit ihren neuen Freiheiten umzugehen. Dennoch: Demokratie hatte es in den Medien vorher so gut wie nie gegeben. Nicht zuletzt deshalb sind Kritiker wie Fatih Altaylı so wichtig. Für die Zuschauer und Leser, die mehr von den Medien erwarten, ist er ein Held.

Folgende Seite:
Brücke in Istanbul

Cem Özdemir

Warum nicht ein deutschtürkisches ARTE?

Cem Özdemir wurde 1965 in Bad Urach geboren. 1994 wurde er als erster Abgeordneter türkischer Herkunft für Bündnis 90/Die Grünen in den Deutschen Bundestag gewählt, dem er bis 2002 angehörte. Seit 2004 ist er Abgeordneter des Europäischen Parlaments.

Es war jeden Abend das gleiche Bild: Familien scharten sich um das Radiogerät, Kinder wurden zur Ruhe ermahnt, und selbst Besucher unterbrachen lieber die Unterhaltung, als das Wichtigste am Tag zu verpassen. Abends, 20 Minuten vor acht, gab es für türkische Familien in Deutschland ein Pflichtprogramm: »Köln-Radyosu«. Seit 1964 bot der Hörfunk des Westdeutschen Rundfunks (WDR) Nachrichten und Informationen speziell für in Deutschland lebende Ausländer in der jeweiligen Landessprache an. Die Radiosendung »zwischen Griechenland und Italien« war für die türkischen Gastarbeiter die einzige Gelegenheit, sich ausführlich über ihre Heimat zu informieren. Für in Deutschland aufgewachsene Türken gehörten nicht nur Sandmännchen und Sesamstraße zum festen Repertoire ihrer Kindheitserinnerungen, sondern eben auch »Köln-Radyosu«. Das »Funkhaus Europa« des WDR gibt es immer noch. Doch heute divergieren die Erfahrungen. Angesichts der breitgefächerten TV-Landschaft haben allenfalls noch Fußball-Weltmeisterschaften das Zeug zu Straßenfegern. Die Zeiten, als sich montags ein jeder über den »Tatort« des Vorabends unterhalten konnte, sind lange vorbei, und auch die Sendung des WDR hat ihr Informationsmonopol unter den Deutschtürken verloren. Dank Satellitenschüsseln sind diese mittlerweile direkt mit dem Fernsehangebot aus der Türkei verbunden; an den Kiosken werden etliche türkische Tageszeitungen und Wochenzeitungen mit einem Europa-Teil für eine interkulturelle Klientel angeboten.

Das breite Angebot türkischer Medien in Deutschland trägt der Tatsache Rechnung, daß die früheren Gastarbeiter längst als Immigranten in Deutschland heimisch geworden sind. In Deutschland zu Hause zu sein und doch das Bedürfnis nach Informationen über das Herkunftsland zu

Cem Özdemir

haben – das scheint nur auf den ersten Blick widersprüchlich. Denn gerade die erste Generation der Migranten hat zwei Heimatländer, Deutschland *und* die Türkei. Nur ein kleiner Teil der ersten Generation hat immer noch vor, dauerhaft in die Türkei zurückzukehren. Bei ihren Kindern und Enkelkindern macht die Rede von der »Rückkehr« hingegen sprachlich wie auch inhaltlich wenig Sinn. Aber auch wenn sich türkische Migranten in Deutschland heimisch fühlen und die Türkei in erster Linie als Wurzel ihrer Identität begreifen, so haben sie doch das natürliche Bedürfnis, über Ereignisse in ihrem Herkunftsland oder dem Herkunftsland ihrer Eltern informiert zu werden. Dies hat nichts mit einer Abwendung von Deutschland oder der deutschen Gesellschaft zu tun, zumindest nicht zwangsläufig. Wenn ein Student ein Jahr in Italien verbringt, das Land lieben lernt und anschließend regelmäßig eine italienische Tageszeitung liest, wundern wir uns schließlich auch nicht.

Analog zu diesem Lebensgefühl gestaltet sich der Medienkonsum türkischer Migranten in Deutschland. Gerade die jüngere Generation liest sowohl die jeweiligen deutschen Regionalzeitungen als auch die türkischsprachigen Zeitungen »Hürriyet«, »Türkiye« oder »Zaman«, sie sieht im Fernsehen ARD genauso wie TRT. Türkische Medien dienen dabei laut einer Untersuchung des Presse- und Informationsamts der Bundesregierung aus dem Jahr 2001 als Komplementärangebot zu den hiesigen Informationsquellen – und genau darin liegt eine Chance. Die Studie ermittelte, daß nur noch 17 Prozent der Befragten türkischer Herkunft ausschließlich türkischsprachige Medien nutzen, wobei dieser Anteil kontinuierlich sinkt und vor allem die ältere Generation betrifft. Nichtsdestotrotz ist es bedenklich, daß der ausschließliche Informationsbezug über türkische Quellen die Verbindung zur Lebenssituation in Deutschland abreißen läßt; außerdem sind gerade die türkischsprachigen Me-

»Hürriyet«-Leser in Berlin

dien, die auf dem deutschen Markt angeboten werden, mit Vorsicht zu genießen.

Seit den neunziger Jahren häufen sich Klagen über die türkische Presse. Während über die brutalen Brandanschläge und andere Übergriffe auf Türken in Deutschland noch verhältnismäßig sachlich berichtet wurde, verschärfte sich das Klima im Zuge der EU-Diskussion. Mit jedem Mal, wenn über einen möglichen Beitritt der Türkei zur Europäischen Union diskutiert und dieser wieder verworfen wurde, fühlte sich die Türkei in ihrem Nationalstolz verletzter, wurde der Ton in der türkischen Presse gegenüber der deutschen Politik schärfer. Zeitungen wie »Hürriyet« und »Sabah« scheuten sich nicht länger, deutsche Politiker zu verleumden, deutsche Politik in überzogener Weise als ausländerfeindlich darzustellen und gar drastische Nazi-Metaphern zu verwenden. Gerade die in Deutschland meistgelesene türkischsprachige »Hürriyet« fällt nach wie vor durch eine national-konservative Berichterstattung auf, die den Prinzipien eines verantwortungsvollen Journalismus oftmals Hohn spricht. Derart vermittelte Zerrbilder und Falschmeldungen verbinden sich aufs beste mit der Tatsache, daß die Integration von Türken in Deutschland nach wie vor Defizite aufweist. Türkische Jugendliche bleiben überproportional oft ohne Schulabschluß und rutschen damit in Arbeitslosigkeit und Armut – ein idealer Nährboden für das Gefühl, Underdog und Fremder im eigenen Land zu sein. Bezeichnen Kolumnisten der »Hürriyet« die Türken dann noch als die »Juden des heutigen Deutschlands«, wird dieser Prozeß der Entfremdung noch verstärkt. Und gleichzeitig bildet dies die Basis für die Herausbildung nationaler Gefühle für ein Land, das die jungen Leute noch nicht einmal als Heimat kennen. So mancher Besucher aus der Türkei, der einige Wochen in Deutschland verbringt, wundert sich über den überbordenden Nationalstolz eines Teils der in Deutschland lebenden Migranten, die teilweise traditioneller, konservativer und patriotischer als die eigenen Leute in der Türkei wirken.

Bedenklich ist hierbei die Konstellation eines offensichtlichen Bedürfnisses nach Informationen über die Türkei und des geringen Angebots aus der deutschen Medienlandschaft. Türkischsprachige Zeitungen wie die

»Hürriyet« haben nur deshalb eine so große Informationsmacht, weil das mediale Angebot für türkische Migranten in Deutschland nicht ausreicht. Hier sind die deutschen Medien gefragt. Etwa 2,5 Millionen Türken beziehungsweise Deutsche mit türkischem Hintergrund leben in Deutschland, doch im Fernsehen laufen häufiger chinesische Filme als türkische. Will man die türkische Bevölkerung integrieren, sollte man sie jedenfalls nicht mit agitativen Medienprodukten à la »Hürriyet«, deren Europaausgaben weit reaktionärer sind als die Mutterausgaben in der Türkei, allein lassen. Vor allem der Rückgriff türkischer Migranten auf deutsche Medien sollte als Chance begriffen werden, über entsprechende Angebote die Integration zu fördern.

Erste Anfänge sind schon gemacht, und wieder ist das Radio einer der Vorreiter. Der Berliner Sender Freies Berlin (SFB) hat mit »Radio Multikulti« ein vorbildliches Programm aus der Taufe gehoben: ein Programm, das sich um die Belange der Ausländer in Deutschland dreht und sie in ihrer jeweiligen Sprache anspricht – türkisch, persisch, kurdisch, vietnamesisch, arabisch. Aber warum nicht ein deutschtürkisches ARTE? Warum nicht eine deutschtürkische Zeitung? Medien, die in Deutschland von Deutschen und Deutschtürken gemacht werden und hier verankert sind, die die hiesigen Werte vermitteln und ein türkisches Lebensgefühl anerkennen, die sowohl über Deutschland als auch die Türkei berichten und so beiden Kulturkreisen gerecht werden, wären ein wichtiger Baustein auf dem Weg zum gegenseitigen Verständnis.

Universitätsbibliothek in Istanbul

Beatrix Caner

Schätze, die zu heben sind – die türkische Literatur

Beatrix Caner wurde 1954 in Oradea (Siebenbürgen) geboren. Nach ihrem Studium der Ost-und Außereuropäischen Sprach- und Kulturwissenschaften sowie der Turkologie arbeitet sie als Buchautorin, Übersetzerin und Verlegerin.

Mehr als das äußere Bild läßt die Literatur Dimensionen des Denkens und Fühlens einer Nation erahnen. Als ästhetisches Universum spiegelt sie ihre geistige Identität wider, sie gewährt Einblicke in eine Erfahrungswelt, deren Quelle das Leben unter anderen Vorzeichen ist. Milan Kunderas Diktum »Europa ist ein Ort in den Köpfen« deutet zumindest an, daß eine Ausgrenzungen implizierende Definition nicht mehr vertretbar ist. Wir können es uns als Europäer einfach nicht mehr leisten, auf die Erfahrungen, auf das Wissen und die Erkenntnisse anderer Kulturkreise zu verzichten. Also auch auf die türkischer Literaten, und ich wäre nicht Verlegerin, spräche ich nicht sogleich Empfehlungen aus. Mittlerweile ist – wenigstens in der Türkei – der Name Ahmet Hamdi Tanpınars anerkannt und unumstritten. Ich habe ihn noch vor seiner »Wiederentdeckung» in meinem Buch »Türkische Literatur – Klassiker der Moderne« als den Höhepunkt der türkischen Moderne bezeichnet. Inzwischen denke ich – auch wenn das merkwürdig klingt –, daß er überhaupt der wichtigste türkische Literat ist, den man wieder und wieder wird lesen können, und zwar zusammen (oder in Zusammenhang) mit Valéry, Bergson, Proust, Joyce, Zweig – die Aufzählung ist nur ein winziger Bruchteil seiner Bezüge –, um das ästhetische Universum, das er geschaffen hat, begreifen und verinnerlichen zu können. Natürlich gehört auch fernöstliche Mystik dazu, das ist bei diesem Autor nicht nur die islamische, sondern insbesondere Buddhismus und Zen. Türkische klassische Musik und Dichtung spielen bei ihm ebenfalls eine wichtige Rolle. Und man sollte ihn immer unter Einbeziehung des Symbolismus lesen, denn ein Garten ist bei ihm nicht einfach Dekoration. Überhaupt ist die Kenntnis der Klassiker für die Interpretation seiner Werke sehr wichtig, denn er geht häufig auf Motive ein, die inzwischen in Vergessenheit geraten sind, wie beispielsweise die Elemente.

Die türkische Literatur ist als »Archiv« der neueren Geschichte eine wahre Fundgrube. Als die Türkische Republik gegründet wurde, verarbeiteten Literaten aller Richtungen den Befreiungskrieg und die Aufbaujahre eines neuen, dynamischen Landes, und sie entwarfen ein neues Menschenbild. Das Leben in den Dörfern und Kleinstädten Anatoliens wurde thematisiert, der Alltag der »kleinen Menschen«, die an Armut und Unrecht verzweifelten oder sich dagegen auflehnten, geschildert. Viele Autoren machten es sich zur Aufgabe, die Menschen aufzuklären und ihnen ein neues Lebensgefühl und ein neues Bewußtsein zu vermitteln. Die radikalen Reformen der Türkischen Republik waren insbesondere für die Frauen ein Befreiungsschlag. In kaum einer anderen Nationalliteratur gibt es so viele bemerkenswerte Autorinnen wie in der türkischen Moderne. Vielleicht ist das kein »Aufbruch aus dem Schweigen« – wie eine deutschsprachige Anthologie türkischer Erzählerinnen titelte –, sondern eine Verlagerung des »Sprechens« aus dem privaten in den öffentlichen Raum.

Die Moderne war für viele türkische Literaten eine Herausforderung, die eigene Kultur neu zu bewerten. Richtungsweisende Impulse gab der Dichter Yahya Kemal, der, aus Paris heimgekehrt, nach 1920 mehrere Generationen im Geiste der West-Ost-Synthese heranbildete. Er schuf ein poetisches Universum, das östliche Sensibilität und europäische Weltanschauung integriert. Sein Schüler, Ahmet Hamdi Tanpınar, von der klassischen französischen Literatur beflügelt sowie der osmanischen Literatur verpflichtet, gewann aus der hochrangigen Ästhetik Paul Valérys maßgebliche Impulse, und ihm gebührt zweifellos ein bedeutender Platz in der Weltliteratur. Daß Istanbul im Mittelpunkt seiner Werke stand, hat Symbolcharakter: Diese Stadt war jahrhundertelang Kulisse wichtiger Zivilisationen, die eine räumliche Konzentration von Kunst und Kultur hervorgebracht haben, deren Spuren noch sichtbar sind. Istanbul, das in der Literatur heute wieder eine zentrale Rolle spielt, ist musterhaft für eine natürlich gewachsene multikulturelle Gesellschaft mit religiö-

ser, geistiger und kultureller Kontinuität. Gerade jüngere Literaten wie Orhan Pamuk und Elif Şafak setzen diese Linie Tanpınars sehr bewußt fort.

Recht ausgeprägt ist in der Türkei die avantgardistische Literatur. Zweifellos hat Bilge Karasu auf diesem Gebiet Werke von hochrangiger literarischer Qualität hervorgebracht. Die Fragen, denen er auch in sprachlicher Hinsicht experimentell nachgeht, berühren tiefste Schichten menschlichen Daseins, forschen nach dem Sinn des Lebens und prüfen die unsichtbaren Kohärenzen der Gesellschaft. Seine bemerkenswerten Betrachtungen beziehen die Mythologien verschiedenster Kulturen, wissenschaftliche Auslegungen und vor allem politische Machtstrukturen ein. Bilge Karasu mahnt zu einem vorsichtigen Umgang mit der Sprache, denn sie sei das wichtigste Mittel zwischenmenschlicher Beziehungen und »programmiere« auch die Gesellschaft. Ich halte Karasus Roman »Die Nacht« für sein wichtigstes Werk – ein experimenteller Roman, der vor allem leseübten Menschen große Freude macht.

Die junge Generation türkischer Schriftsteller begreift sich intensiver als jede vorhergehende als Teil der Weltliteratur. Heute lernen junge Menschen in der Türkei die Literaturen der Welt nicht nur aus Übersetzungen kennen, sie lesen sie mittlerweile im Original. Es gibt überdies eine immer selbstbewußter werdende kleine Gruppe, die deutsch schreibt – allen voran Zafer Şenocak und Feridun Zaimoglu haben sich etabliert, früher haben Levent Aktoprak und Alev Tekinay von sich reden gemacht – doch auch diejenigen, die weiterhin in türkischer Sprache schreiben, aber Themen aus Deutschland aufgreifen, sollte man nicht unterschätzen. Wenn dabei eine verstärkte Zuwendung zu den eigenen kulturellen Wurzeln zu verzeichnen ist, dann im Sinne einer bewußten Neubetrachtung, die die wahren Werte zu erkennen und zu bewahren sucht. Hier trägt die Arbeit Yahya Kemals Früchte: sich im Lichte westlicher Erkenntnisse zu betrachten fördert bisher unerkannte Schätze zutage.

Orhan Pamuk in seiner Istanbuler Wohnung

Folgende Seite: Deutsche Buchhandlung in Istanbul

Boris Kalnoky

Neue Kunst am Bosporus

Bülent Eczacıbaşı ist ein Patrizier alter Schule, ein Geldadeliger im besten Sinne des Wortes. Ihn Unternehmer zu nennen oder Geschäftsmann weckt ganz falsche Assoziationen. All das ist er natürlich, auch Ehrenpräsident des türkischen Unternehmerverbandes, Vordenker der Politik, geschätzter Ratgeber der Mächtigen. Vor allem aber ist er ein Mann von Geist. Seit den vierziger Jahren sammelt er zeitgenössische türkische Kunst, wie schon vor ihm sein Vater.

17 Jahre lang versuchte er, seine riesige Privatsammlung zum Kern eines großen Museums der Moderne zu machen. Vor sieben Jahren unternahm er einen konkreten Vorstoß und scheiterte daran, daß die damalige konservativ-islamische Regierung der Türkei darauf bestand, die Kontrolle über das Museum auszuüben. Am 11. September 2004 aber war es soweit: Bülent Eczacıbaşı und seiner Frau Oya ist es endlich gelungen, Istanbul Modern, ihr Museum für zeitgenössische Kunst in der Stadt am Bosporus zu eröffnen. Istanbul ist eine der ältesten Metropolen der Geschichte und auch in der heutigen Türkei das kulturelle Zentrum geblieben – hier finden sich neben der ersten Akademie der schönen Künste sämtliche privaten und nationalen Sammlungen; ungezählte Galerien und alle dazugehörigen Ausstellungen konzentrieren sich auf Istanbul. Und so bringt der Gang durch die riesigen Räume der einstigen Lagerhalle viele Überraschungen mit sich. Der westliche Betrachter entwickelt fast Schamgefühle – Scham darüber, daß ihm so vieles neu ist. Denn dies ist Europa, all seine Schulen, all seine Stilepochen, all seine ästhetischen Regungen und Empfindungen seit der Mitte des 19. Jahrhunderts. »Impressionismus, Expressionismus, die Türkei hat all diese Bewegungen mitgelebt«, sagt die Hauptkuratorin von Istanbul Modern Rosa Martinez. Freilich erst seit dem 19. Jahrhundert. Davor führte das islamische Verbot naturgetreuer Abbildungen zu einem Verzicht auf Perspektive und damit zu einer ganz anderen Bilderwelt.

Boris Kalnoky wurde 1961 geboren. Nach seinem Politik- und Geschichtsstudium und dem Besuch der Axel-Springer-Journalistenschule volontierte er bei der »Welt«. Seit 1995 ist er Auslandskorrespondent der »taz« für Südosteuropa und die Türkei.

Moderne Kunst in Istanbul

Für die jüngere Kunst erübrigt sich jedoch aufgrund der Anlehnung an Europa eine langweilige chronologische Einteilung der Exponate. Sie stammen aus allen Epochen und sind nach Themen geordnet, etwa »Interieurs« oder »Leben unter freiem Himmel«, auf der Straße, in den Kaffeehäusern. Von der letzten Jahrhundertwende bis zur jetzigen sieht man, wie sich Leben, Geist und Empfindung ändern, wie sie sich europäisieren, ohne dabei an Identität zu verlieren.

Manchmal fasziniert die Geschichte eines Werkes genauso wie das Werk selbst. Da hängt eine Tür an der Wand, schlicht »Die Tür (1987–89)« betitelt. Burhan Uygur fand sie auf einem Flohmarkt und bemalte sie zwei Jahre lang, gemeinsam mit Frau und Sohn. Schwer zu sagen, was das ganze darstellt, leblose Kinderkörper scheinen da zu schweben, allerlei Dekoratives und Suggestives, gewiß eine Tür zu inneren Dingen. Verkaufen wollte Uygur sie lange nicht; aber er hatte kein eigenes Heim und nicht

Istanbul Modern

Besucher des Istanbul Modern

genug Geld für die Miete. Das verstand ein Banker namens Erol Aksoy – und bot ihm ein Haus im Tausch für das Bild.

Aksoy, ein neureicher Lebemann, nutzte die mystische »Tür« als Eingang zu seiner privaten Bar. Dann ging er auf ganz türkische Weise bankrott – Verdacht auf Geldwäsche, und heute ist er so knapp bei Kasse, daß er verkaufen mußte. 84 000 Dollar erzielte »Die Tür« bei ihrem Verkauf. Käufer war das neue Museum Istanbul Modern. Die Kuratoren betrachten »Die Tür« als eines der wichtigsten Exponate des Hauses. Türkischer Witz und türkische Schwermut finden sich in Werken des Museums, oft liegen sie dicht beieinander. So in der wunderbaren Videoarbeit »Der Weg nach Tate Modern« von Şener Özmen und Erkan Özgen (er lebt und arbeitet in Diyarbakır). Zwei Machos in schwarzem Anzug reiten da don-quichotesk auf Esel und Pferd durch kurdische Schluchten und Wüsteneien, auf der Suche nach … tja, nach dem, was wohl auch Erdogan erreichen will – Europa.

Hande Eren

Am Anfang rochen die Birnen so mild! – Mehmet Gürs, der Starkoch der Türkei

Groß und schlank, goldblondes Haar und blaue Augen. Es fällt auf, wenn dieser Mann sich vor die Tür seines Szenelokals in Istanbul stellt. Doch dicht dabei thront wie eine Festung über dem Goldenen Horn das Hotel Pero Palas, das älteste europäische Hotel Istanbuls, wo Atatürk übernachtete, Greta Garbo Walzer tanzte, Hemingway an der Theke saß und Agatha Christie so manchen ihrer Krimis schrieb. Das Ungewöhnliche ist im Stadtteil Pera Routine.

Der hochgewachsene Mann vor der Tür ist derzeit der Starkoch der Türkei, 44 Jahre alt und heißt Mehmet Gürs. Er will Geschmack auf das schillernde Kulturmosaik des Landes machen, das sich auch in der Kochkunst spiegelt. Eine einheitliche türkische Küche hat es nie gegeben, nicht im Byzantinischen, nicht im Osmanischen Reich. Mehr als 30 verschiedene Länder und Kulturen, vereint unter dem Dach des Reiches, haben ihre individuelle Note beigesteuert. So kommen auch zahlreiche Zutaten aus den unterschiedlichsten Regionen der Türkei, von den Küsten, aus den Bergen, aus dem fernen Osten. Die türkische Küche ist nie eintönig, auch weil man je nach Jahreszeit und Vegetation kocht. Folglich gibt es Gerichte, die man nur im Sommer bereitet, und andere, die nur im Winter gekocht werden. »Das macht unsere Küche so einzigartig. Denn wo gibt es schon so etwas«, sagt Gürs mit Stolz. Ein Patriot des Kochlöffels.

Die unterschiedlichen Klimazonen des Landes spielen bei der Entwicklung der regionalen Spezialitäten eine große Rolle. Die östliche Schwarzmeerküste ist ein gutes Beispiel dafür. Wegen hoher Niederschlagsmen-

Mehmet Gürs

Hande Eren wurde 1978 in Ankara geboren und wuchs in Köln auf. Nach dem Studium an der Kölner Designakademie machte sie ihren Master in England, und arbeitete anschließend für die TÜSIAD Deutschland.

Folgende Seite: Weinberg in Kappadokien

gen kann dort kein Weizen angebaut werden. Daher bilden Mais und Maismehl die Hauptnahrungsmittel dieser Küche. Im Gegensatz dazu ist das Südostanatoliengebiet für die Kebaps berühmt, da dort vorwiegend Viehzucht betrieben wird. Die Ägäis mit ihren zahllosen Olivenhainen ist für leckere Gemüsespeisen bekannt. Außerdem sind die Teigpasteten des Nordwestgebiets (Thrakien) sehr beliebt. Gleichwohl, meint Gürs, könne man die türkische Küche zu 70 bis 80 Prozent aus den original türkischen Zutaten schmecken, wie aus den sonnengereiften Tomaten und den duftenden Paprikas. Dennoch bedarf es der Kunst eines Maestro, und er ist einer.

Der in Finnland geborene und in Schweden aufgewachsene Gürs ging in die USA, um dort das Handwerk des Kochs zu lernen. Erst vor wenigen Jahren siedelte er in die Türkei über mit dem Ziel, ein Restaurant zu eröffnen und hier moderne türkische Kochkunst zu präsentieren. Bis zu dieser

Türkische Süßspeisen auf dem Basar

Zeit hatte Gürs nie in der Türkei gelebt. Doch wollte er nur noch mit den allerbesten Zutaten kochen, und die gibt es, meint er, vor allem in Anatolien.

Der Erfolg stellte sich rasch ein. Nach einer dreiteiligen Kochsendung im türkischen Fernsehen wurde Gürs häufig mit dem englischen Starkoch Jamie Oliver verglichen. Doch Gürs schätzt den Medienrummel nicht und möchte im Hintergrund bleiben. Dennoch wird er als Star gehandelt.

Zu seinen Gästen zählen Künstler und Börsenjobber, Politiker, Unternehmer, Schauspieler, Beamte oder Touristen. Sie alle schätzen das »Lokanta«. Die Einrichtung dort ist spartanisch gehalten. Quadratische Tische aus heller Buche, große Stoffservietten, Geschirr und Besteck auf den Tischen, rote Backsteinwände ohne Bilder und Zierat rundum, hohe Fenster, kaum mehr. Gürs betreut seine Gäste persönlich. Dazu gehören die Begrüßung aller Gäste an der Tür und intensive Gespräche am Tisch. Gesprochen wird auch über die Geschichte Frankreichs, den letzten Skiurlaub in Skandinavien, die Kulturszene Spaniens – kleine Kollegs mit einem Koch, der die Welt kennt.

Viele Gerichte, die man überall außerhalb der Türkei kennt und schätzt, werden von Gürs auf seine Art eingemeindet. Während etwa italienische Bruschetta sonst mit Tomaten und Basilikum angereichert wird, präsentiert er in der modernen türkischen Küche die Brotbeilage überbacken mit Schafskäse und Nüssen. Auch der Wein dazu ist türkisch, Hausempfehlung ist der Villa Doluca, rot und weiß.

Kochkunst kennt keine Grenzen. Wenn Gürs gebeten wird, im Ausland, in Rom oder Paris zu kochen, bringt er die Zutaten immer aus der Türkei mit. Die Früchte seines Landes begleiten ihn, seit sein Onkel Obst und Gemüse aus der Türkei nach Finnland schickte. »Das Öffnen des Paketes führte zu einer Explosion der Sinne. Die Birnen rochen so mild und schmeckten so süß. Die Türkei wurde mein Schlaraffenland.«

Serdar Somuncu

Die Türkei und das deutsche Verständnis

Ich bin sicher, daß die Menschen in Deutschland nur ein sehr ungenaues Bild von dem haben, was die Türkei war, was sie ist, was sie sein möchte und was sie sein kann. Im übrigen glaube ich, daß es ohnehin sehr schwer ist, ein so vielfältiges Land mit nur wenigen Begriffen zu beschreiben. Man läuft zwangsläufig Gefahr, zu reduzieren und Vorurteilen zu erliegen.

Ein nicht kleiner Teil der deutschen Bevölkerung ist mit der Integration seiner selbst in die neue deutsche Gesellschaft nach 1945 und 1989 viel weiter fortgeschritten, als man glaubt. In diesen Kreisen werden menschliche Werte nicht nach Herkunft vergeben, und persönliche Integrität wird vor nationale Identität gestellt. Ein anderer Teil der deutschen Gesellschaft allerdings sehnt sich immer noch zurück in die Zeiten einfältiger Großmannssucht und träumt von der Überlegenheit angeblicher Leitkulturen. Hier entsteht nicht nur ein Vakuum, die Unfähigkeit, sich fremden Einflüssen gegenüber offen zu zeigen und zu akzeptieren, daß jeder Einfluß von außen auch eine Bereicherung der eigenen Perspektive sein kann. Gleichzeitig gibt es eine latente Anfälligkeit für die Ideen derer, die in ihrer verzweifelten Suche nach Identität glauben, sie würden Deutschland in Schutz nehmen, wenn sie die obsoleten Ideen des Deutschen Reichs verteidigen.

Es ist für mich nicht nur die in der fehlenden Recherche der Tatsachen versteckte Diskriminierung, die Unwahrheit in Kauf zu nehmen, sondern auch eine schlichte Instrumentalisierung von längst widerlegten Vorurteilen, wenn man so tut, als beherrschten die in Deutschland lebenden Ausländer (und das sind nicht nur Türken, sondern auch Österreicher oder Amerikaner) die deutsche Sprache nicht. Tatsache ist, daß die meisten in Deutschland lebenden Türken besser deutsch sprechen als tür-

Serdar Somuncu wurde 1968 in Istanbul geboren. Nach seinem Schauspiel-, Musik- und Regiestudium in Maastricht und Wuppertal arbeitet er als Schauspieler und Regisseur sowie als Ensembleleiter in Neuss. Aufsehen erregt er immer wieder mit seinen spektakulären Lesungen.

Der Schauspieler und Regisseur Serdar Somuncu

kisch und daß es eher staatlicher Programme zur Bewahrung ihrer bikulturellen Existenz als zur Beförderung ihres Integrationswillens durch erzwungene Germanisierungsseminare bedarf.

Integration bedeutet für mich eine beiderseitige Annäherung zwischen unterschiedlichen Kulturen, ohne dabei die eigene aufzugeben oder die andere höher zu stellen. Integration heißt, Unterschiede zu akzeptieren, ohne auf Eigenheiten zu beharren. Integration ist der größtmögliche gemeinsame Nenner der Unterschiede, die jeder Mensch mitbringt, wenn er in Beziehung zu anderen tritt, und zugleich ein lebenswichtiger Kompromiß, der erforderlich ist, um zwischenmenschliche Dialoge führen zu können. Integration bedeutet nicht Assimilation.

Jeder Mensch, egal ob Neu- oder Altdeutscher, wird ohne staatliches Dogma entscheiden können, ob und wann er es für notwendig hält, seine Nationalhymne zu singen, die Fahne zu schwenken und dabei in eine Bratwurst zu beißen. Ich persönlich halte überhaupt nichts von solchen Zeremonien. Ich finde sie chauvinistisch, banal und vor allem häßlich. Um ein Land zu lieben, brauche ich keine Hymne und keine Fahne, sondern ein Gefühl oder eine Erinnerung. Und das fängt nicht an der territorialen Grenze an und hört nicht vor der kulturellen Grenze auf. Ich versuche, wenn überhaupt, Menschen nicht nach ihrer Herkunft zu bewerten, sondern nach dem, was sie sagen und welchen Eindruck sie dabei auf mich machen.

Dabei gibt es keine Garantie dafür, daß eine Herkunft per se Gutes gewährleistet oder Schlechtes impliziert. Mir ist diese Art von Nationalismus vollkommen fremd, vielleicht gerade, weil ich nicht dort aufgewachsen bin, wo ich herkomme, ich sehe in ihm auch kein erstrebenswertes Ziel und keinen guten Ratgeber. Manche finden das romantisch und werfen mir deshalb vor, an Ideale zu glauben, die nicht realistisch sind. Ich werde deswegen nicht aufhören zu glauben, daß Menschen, egal woher sie kommen, nicht durch ihre Hautfarbe zu Menschen werden, sondern durch ihre Fähigkeit zu denken. Und darin gibt es keine nationalen Unterschiede.

Auch die Türken haben sich mit der Zielsetzung einer sinnvollen und

Türkische Verlobungsfeier

friedlichen Koexistenz in Deutschland in falsche Perspektiven und falsche Lösungsmuster verrannt. Nachdem man die integrationswilligen Türken jahrelang zunächst ausgegrenzt und ihnen das Gefühl gegeben hat, daß sie hier ein Leben auf Zeit führen, haben sich diese Menschen irgendwann auf ihre Eigenheiten besonnen. Dabei verwechseln die meisten die Auseinandersetzung mit ihrer Herkunft mit dem Kampf um die Gleichberechtigung ihres Glaubens. Indem sie ihre religiöse Einstellung zum Hauptmotiv ihrer Selbstdefinition machen, begeben sie sich nicht nur auf einen heiklen Weg zwischen Extremismus und unreflektiertem Traditionalismus, gleichzeitig schüren sie so auch das Klischee vom anpassungsunfähigen Ausländer und tun damit vor allem ihren eigenen Landsleuten unrecht, die hier schon länger leben als in ihrer Heimat und gar keinen Unterschied mehr zwischen sich und ihrer Umgebung spüren wollen.

Ich glaube, die Türkei hat es aus heutiger Sicht gar nicht mehr nötig, Mitglied der EU zu werden. Daß sie sich noch so vehement darum bemüht, hat zum einen mit gekränktem Ehrgefühl zu tun und der Tatsache, das man einmal gemachte Versprechungen auch irgendwann einfordern muß, wenn es um eine glaubwürdige Gleichberechtigung unter politischen Partnern gehen soll, zum anderen aber auch damit, daß man in der Türkei immer noch dem Irrglauben erliegt, daß mit dem Eintritt in die EU eine dauerhafte Stabilisierung der innen- und wirtschaftspolitischen Situation gewährleistet sein könnte. Für die Türkei ist aber meiner Ansicht nach viel wichtiger, unabhängig von der Anpassung an irgendwelche Aufnahmekriterien der EU, auf dem Weg der sukzessiven Konsolidierung und Demokratisierung ihres Staatswesens zu bleiben. Nur so entsteht eine starke Türkei.

Wer heute allerdings noch glauben möchte, daß die Türkei eine Bela-

Türkisches Geschäft in Berlin

stung für die EU sein könnte, der übersieht, welch ungeheures Potential nicht nur wirtschaftlich, sondern auch kulturell in diesem Land liegt. Ein Potential, das unabhängig von restriktiven Anpassungsvorgaben weitaus mehr leisten kann als eine zuverlässige, solide und letztlich privilegierte Partnerschaft in der EU. Es ist vor allem diese Schlüsselposition zwischen Ost und West, die meiner Meinung nach ihre Flexibilität verliert, wenn sie sich der einen oder anderen Seite zu sehr zuwendet.

Ich bin Türke und beschäftige mich nicht nur mit dem, was man mir als Türke zugesteht, sondern auch mit allem, was zu meiner türkischen Identität gehört – der Vergangenheit, der Gegenwart und der Zukunft. Die anatolische Kultur ist etwas ganz anderes, als man hier glaubt, wenn man den Begriff synonym für die rückständige Türkei verwendet. Die anatolische Kultur ist eine wechselhafte, aufregende und doch sehr europäische Übergangskultur, die im Laufe der Jahrhunderte immer Einfluß auf das Wesen der mitteleuropäischen Gesellschaftsordnungen gehabt hat. In gewissem Sinne stammen viele der europäischen Ideen auch aus Anatolien. Wer diese Region nicht kennt, dem fehlt der kosmopolitische Geist, der erforderlich wäre, um fundierte Aufklärung zu leisten, statt fundamentale Ablehnungshaltungen einzunehmen.

Otto Schily

Kultur ist offen, sonst ist sie keine

Otto Schily wurde 1932 in Bochum geboren. Nach seinem Jura-Studium arbeitete er seit 1963 als Rechtsanwalt. Mit Unterbrechungen ist er seit 1983 Abgeordneter des Bundestages für die SPD, 1998 übernahm er das Amt des Bundesministers des Innern.

Die türkisch-deutschen Beziehungen sind keineswegs immer spannungsfrei, etwas anderes zu behaupten, wäre purer Euphemismus. Diese Spannungen zu klären und zu überwinden, kann nach meinem Verständnis nur die Belebung der interkulturellen Beziehungen zwischen Türken und Deutschen leisten. Das geht nicht von heute auf morgen, sondern fordert Geduld und Ausdauer.

Den interkulturellen Dialog fördern heißt nicht, irgend eine imaginäre Schiedsrichterrolle in türkisch-deutschen Konfliktsituationen zu beanspruchen, sondern es heißt, das Wahrnehmungsvermögen für unterschiedliche Denkweisen und Empfindungen zu entwickeln und damit die Fähigkeit aufzubauen, Konflikte auszuhalten und zu lösen.

Der türkisch-deutsche Dialog scheint bisher auf das mitunter eher herablassende und manchmal sogar nur angestrengt-bemühte Vergnügen an der jeweiligen Folklore reduziert zu sein. Fremdheiten werden dadurch kaum aufgehoben, kulturelle Gegensätze und unterschiedliche historische Herkünfte nicht zugänglich und diskutierbar. Wir müssen lernen, uns auf die Gedanken- und Gefühlswelt des jeweils anderen einzulassen. Das ergibt sich nicht sozusagen automatisch aus wohlgemeinten und durchaus wohlbegründeten Appellen zur Toleranz.

Selbstverständlich ist durch Zuwanderung von Türken nach Deutschland und – bekanntlich in sehr viel geringerem Umfang – durch Zuwanderung von Deutschen in die Türkei bereits so etwas wie ein interkultureller Austausch in Gang gekommen. Aber ein interkultureller Dialog ist mehr als die Gewöhnung an fremde Verhaltensweisen. Gewiß, wer will das bezweifeln, neue Nachbarschaften können ohne Anpassung nicht auskommen. Wir sollten aber niemandem zumuten, wie es ein Landespoliti-

Europäisch-türkisches Kulturfest in Berlin

ker verlangt hat, deutsche Gewohnheiten annehmen zu müssen, was immer damit gemeint ist. Kulturelle Profile müssen nicht, ja sie sollten nicht abgeschliffen werden. Die multikulturelle Gesellschaft ist kein Schreckgespenst, wenn der Irrtum vermieden wird, sie sei gleichbedeutend mit einem Verzicht auf die Einheitlichkeit unserer Verfassungs- und Rechtsordnung. Diese steht nicht zur Disposition. Der deutsche – auch der europäische – *ordre public,* die deutsche Verfassungs- und Rechtsordnung, bleibt verbindlich für alle, Zuwanderer und Einheimische gleichermaßen, unabhängig von kulturellen Färbungen und religiösen Bindungen.

Aber Kultur ist immer multidimensional, ist immer offen für neue Ideen und Gedanken, sonst ist sie keine. Wer eine homogene Gesellschaft anstrebt, setzt deshalb die Kultur überhaupt aufs Spiel. Die europäische Geschichte hat ihren kulturellen Reichtum gerade der wechselseitigen

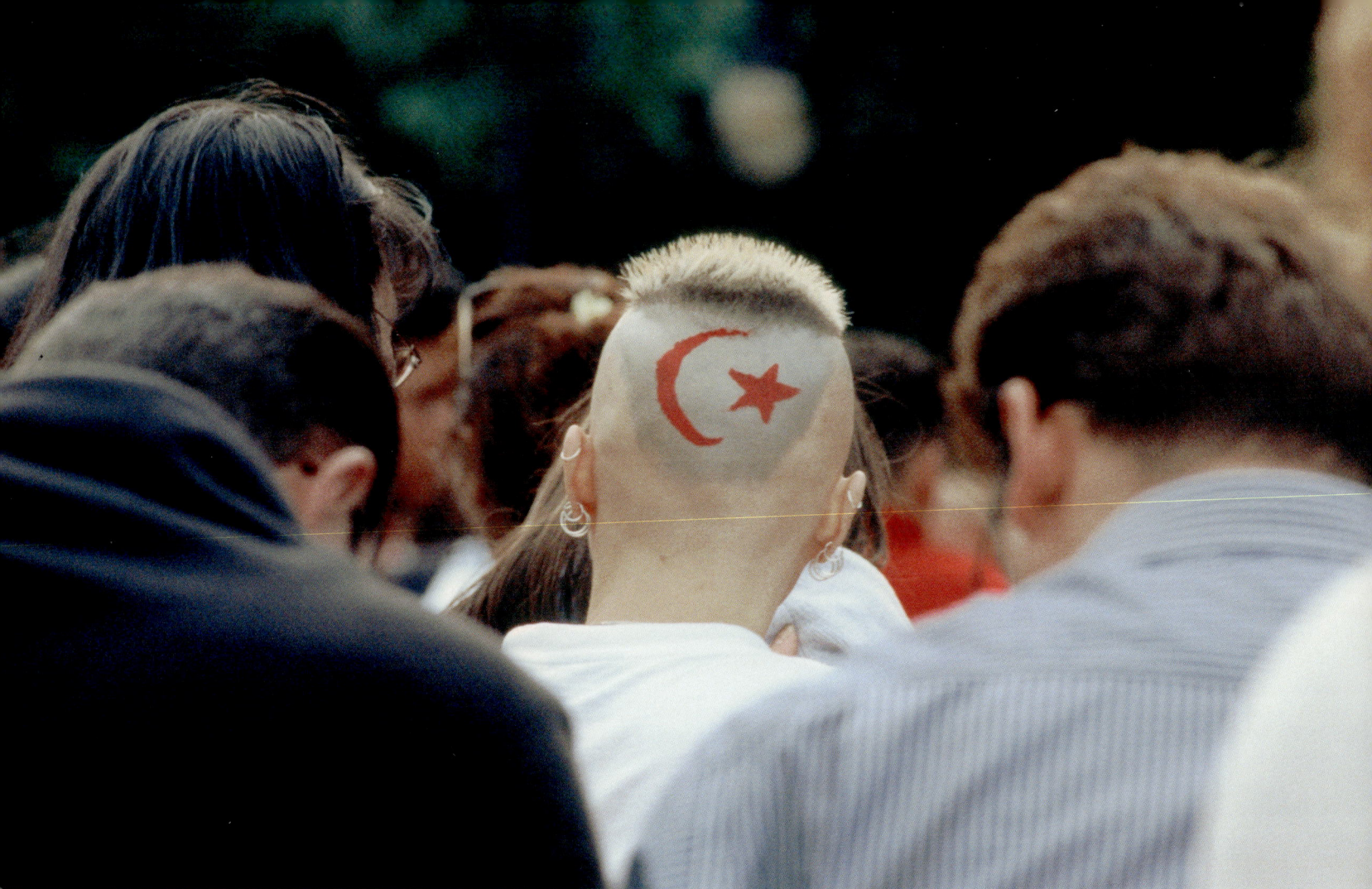

Durchdringung der Kulturen zu verdanken, nicht einer ängstlichen Abschottung.

Wenn der türkisch-deutsche Dialog Erfolg haben soll, darf er sich nicht staatlichen Vorgaben unterordnen. Freimut, nicht Hochmut, ist gefragt. Der interkulturelle Dialog ist immer riskant. Er kann Neigungen schwächen und Abneigungen verstärken. Er vermag aber hoffentlich auch das Gegenteil. Der Dialog soll und wird nicht beschwichtigen und nicht beschönigen. Solange wir nicht in Überheblichkeiten posieren, darf er sich nicht scheuen, kritische Fragen anzusprechen. Die Kurdenthematik auszusparen wird ebensowenig möglich sein wie die Frage abzuwehren, ob die deutschen Behörden sich zu duldsam gegenüber der PKK verhalten. Der interkulturelle deutsch-türkische Dialog wird um so ertragreicher sein, je mehr er sich der europäischen Tradition der Aufklärung und der Universalität der Menschenrechte verpflichtet weiß. Er

»Türkische Nationalfrisur«

wird um so besser gelingen, je individueller er geprägt ist. Was an Erkenntnissen und Einsichten gewonnen wird, darf sich nicht in mehr oder weniger verbindlichen Verlautbarungen verflüchtigen. Kulturelle Begegnung findet dort statt, wo Kultur wirkt. Nicht irgendwelche Resolutionen und Empfehlungen, sondern die wechselseitige Vermittlung von politischer und belletristischer Literatur, von Werken der Filmkunst und der bildenden Kunst, der Austausch von Zeitschriftenartikeln in den jeweiligen Sprach- und Kulturraum muß unser Anliegen sein. Die Bedeutung eines solchen breiten Dialoges als Wegbereiter auch zur besseren politischen Verständigung und einer Intensivierung wirtschaftlicher Beziehungen sollte niemand unterschätzen.

Folgende Seite:

Fähren im Bosporus

Michael Kuyumcu

Türkeiropa

Michael Kuyumcu wurde 1968 in Eckernförde geboren. Nach seinem Studium war er als freiberuflicher Übersetzer, Webdesigner und Honorardozent tätig. Zur Zeit arbeitet er als Lehrer.

Meine erste Reise in die Türkei: Nach einem frohen und sehnsüchtigen Telefonat mit meiner leider abgereisten jungen Liebe lieh ich mir in Deutschland allerorten Geld zusammen und flog ihr nach Istanbul nach. Dort fanden wir uns wieder. Doch ohne *Evlilik Cüzdanı,* den staatlichen türkischen Ehenachweis, war für Studenten kaum an ein erschwingliches Zimmer in einem Hotel im Stadtteil Beyoğlu zu kommen. Hartnäckig, wie sie nun einmal war, hatte Reyhan, der Grund meiner Reise, schließlich einen preiswerten Hotelier aufgetan, der nur Wert auf jenes Papier legte, das man in Form von Lirascheinen auf seinen Tisch blätterte. Der Reiseführer im Gepäck riet mir, mich zusammenzureißen und Reyhan in der Öffentlichkeit nicht zu berühren, das gelte als zügellos. Ich bemühte mich, den *Simitçiler* mit ihren Sesambrezeln auf dem Kopf nicht über Gebühr nachzusehen und auch die gemächlich trottenden Pferde im pulsierenden Großstadtverkehr ganz alltäglich zu finden.

An der Seite meiner ortskundigen Gefährtin wurde Istanbul zum ersten großen Kulturereignis meines Lebens. Ich war fasziniert und berauscht vom wimmelnden, brodelnden Leben, das an allen möglichen und unmöglichen Orten die Stadt wie einen gewaltigen Transformator brummen ließ. Aber noch mehr nahm mich die Herzlichkeit der Menschen in der Stadt ein, die über ihrer emsigen Geschäftigkeit nie ihre Freundlichkeit vergaßen. *Ağabey, enişte, amca* – großer Bruder, Schwager, Onkel – sagten völlig unbekannte Menschen zu mir auf der Straße. Verliebt, verzaubert und verwandelt flog ich nach Hause.

Dabei hatten die Türkei und Türken mir lange ganz anderes bedeutet, Vorurteile aus meiner Kindheit, nebulöse Ängste, etwa wenn ich türkisch sprechende Kinder aus der Nachbarschaft nicht verstand und fürchtete, sie könnten mir übel nachreden. Jetzt aber war alles anders, und schon wenige Wochen später zog ich bei *Sevgilim,* meiner Liebe, ein. Zwei Jahre

Zwei Generationen beim Gebet

später entschlossen wir uns zu heiraten. Um für unsere Ehe deutsches Recht zu vereinbaren, gingen wir zu einem deutschen Anwalt. In dessen Kopf führte die Konstellation aus türkischer Frau und deutschem Mann aber offensichtlich zu einer spontanen Ausschüttung von Vorurteilen, denn kaum daß wir uns gesetzt hatten, hielt er uns einen Vortrag darüber, daß in der Türkei die Kultur bereits in höchster Blüte gestanden habe, als die Menschen im hiesigen Urwald, der später gerodet und Schleswig-Holstein genannt werden sollte, noch in Erdhöhlen hausten. Und tatsächlich: Mit Reyhan lernte ich die hochkultivierten türkischen Traditionen, etwa die Pflege familialer, freundschaftlicher und beruflicher Beziehungen, kennen. Als wir heirateten, besuchten uns ihre Angehörigen aus Istanbul und lebten mit uns einen Monat zu sechst in unserer neuen Zweieinhalbzimmerwohnung in Kiel. Von ihnen habe ich einiges darüber gelernt, wie ich mich als Gast auch in eine beengt lebende

Gemeinschaft so einfügen kann, daß meine Gegenwart allenfalls angenehm auffällt.

Reyhans Familie schloß mich von Anfang an herzlichst in die Arme. Und reagierte etwas überrascht, daß ich bei der Heirat Reyhans Nachnamen annahm. Nach Schmidt und Schmidt-Brodersen ziert nun Kuyumcu meinen Paß, was Goldschmied bedeutet. Das türkische Familienrecht verbot Reyhan allerdings, ihren Mädchennamen beizubehalten, und während ich nun überall Kuyumcu hieß, führte Reyhan nach unserer Hochzeit überraschenderweise zwei Familiennamen: in Deutschland nach deutschem Recht Kuyumcu, in der Türkei nach türkischem Recht Schmidt-Brodersen.

Als Deutschlehrer für arbeitsuchende Erwachsene aus aller Welt habe ich von meinen Schülern vieles gelernt, zum Beispiel wie allgegenwärtig die Regeln sind, die nicht nur die deutsche Sprache, sondern auch den Alltag

Schnee in Istanbul

in Deutschland für Zugereiste mitunter zum Minenfeld machen können. Oder wie absurd Zugewanderten die deutsche Liebe etwa zu dem Begriff der »Gästetoilette« anmuten kann – weil ein »Gast« für sie nicht jemand ist, dem man durch gezielte Abgrenzung zu verstehen gibt, daß man ihn nicht einmal in den Raum lassen mag, in dem man sich wäscht. In meinen Kursen fiel mir nach diesen Erfahrungen auf, wie egoistisch viele Deutsche auftreten. Sie legen viel mehr Wert auf »Individualität« – die besonders diejenigen regelmäßig anführen, die die Atomisierung der Gesellschaft schönreden wollen. So erfahren viele Deutsche ein Scheitern in der Arbeitswelt als eigenes Versagen, während zum Beispiel Türken, die sich in umfassendere zwischenmenschliche Beziehungen eingebettet verstehen und erleben, rein materielle Nöte als nicht so existentiell empfinden müssen.

Die meisten Türken definieren sich nicht in dem gleichen Maße über ihre Arbeit wie Deutsche. Sie haben eine viel pragmatischere Einstellung zum Broterwerb, arbeiten pünktlich, fleißig, gewissenhaft und übernehmen auch geringer bezahlte Aufgaben oder Arbeiten unter schlechten Bedingungen, um ihre Familien zu unterstützen, etwas zu sparen und insgesamt voranzukommen. Im Grunde leben sie uns *Germans* damit das Bild vor, das wir noch aus den Zeiten des fremdfinanzierten Wirtschaftswunders von uns selbst haben.

Anja Dilk

Abschied vom Alditürken

Der Türke kauft gern billig ein. Er liebt Aldi und überquellende Marktstände. Er schickt monatlich einen dicken Batzen seines Gehalts nach Hause und träumt von seiner Rückkehr in die Türkei. Die dazugehörige Türkin trägt ein Kopftuch, lebt unter der Knute ihres Mannes und spricht kein Wort deutsch. Sie hat mindestens vier Kinder und geht auch zu Aldi oder in türkische Supermärkte, in denen sie gerne plastiktütenweise Gemüse, Fladenbrot und Hammelfleisch kauft. Der Türke und seine Frau lesen am liebsten »Hürriyet«. Wenn sie da eine schöne Anzeige sehen, riskieren sie schon mal eine kleine Extraausgabe. So sind sie, die Türken, ist doch klar. Oder nicht?

Seit 1996 schlagen sich Ozan Sinan und Ahmet Tasdemir durch ein Gestrüpp von Vorurteilen. Jahrelang zogen die Marketingprofis von der Berliner Agentur Lab One durch die Unternehmen der Republik und versuchten, den Köpfen der Marketingabteilungen beizubringen, daß es so einfach nicht ist. »Die Wahrnehmung von Türken, die in Deutschland leben, ist oft sehr einseitig. Sie orientiert sich meist noch an der alten Generation türkischer Gastarbeiter«, sagt Agenturgründer Sinan, der Mitte der neunziger Jahre die deutsch-türkische Hip-Hop-Gruppe Cartel gemanagt hat. »Doch da hat ein enormer gesellschaftlicher Wandel stattgefunden. Mittlerweile werden die Entscheidungen in den Haushalten viel stärker von der jungen Generation beeinflußt. Die Deutschtürken der zweiten und dritten Generation sind hier aufgewachsen, wurden oft hier geboren. Sie haben ganz andere Werte, Lebensstile und Konsumeinstellungen als die Elterngeneration.« Doch welche sind das? Um das herauszufinden, nahm das Lab-One-Team gemeinsam mit der Berliner Gesellschaft für innovative Marktforschung (GIM) Türken in Berlin und Mannheim unter die Lupe. In Expertinterviews, Kleingruppengesprächen und umfangreichen Telefonbefragungen entstand eine

Anja Dilk wurde 1966 in Bonn geboren. Nach dem Studium der Geschichte, Politik und Literaturwissenschaften und dem Besuch der Deutschen Journalistenschule München arbeitet sie als freie Redakteurin für Online-Magazine und die »Süddeutsche Zeitung«.

Geschäftsstraße in Istanbul

Folgende Seite: Türkischer Gemüsemarkt in Berlin

breit angelegte Studie über Gewohnheiten, Überzeugungen und Lifestyle der türkischen Bevölkerung in Deutschland im Alter von 14 bis 49 Jahren. Fazit: Es sind eben nicht alle Deutschtürken Muslime, und schon gar nicht kaufen alle bei Aldi. Ausgeprägtes Trendbewußtsein, Begeisterung für Marken- und Designermode, Cocktaillounge und Fondssparen gehören ebenso zum türkischen Leben in Deutschland wie der Ramadan und der Respekt vor Eltern und Traditionen. Die traditionelle Rollenverteilung gerät ins Wanken, Frauen streben immer mehr nach höherer Bildung. Über die Hälfte liest sowohl deutsche als auch türkische Zeitungen. 70 Prozent können sich nicht vorstellen, in die Türkei zurückzugehen. Die Mehrheit findet, daß die deutsche Gesellschaft genug Spielraum für die Ausübung ihrer Kultur und Religion bietet. »Um diese Menschen in der Werbung anzusprechen, brauchen wir speziell auf sie zugeschnittene Konzepte«, so Sinan.

Star der neuen deutsch-türkischen Generation – Fatih Akin

Und das lohnt sich. Etwa 2,6 Millionen Menschen türkischer Abstammung leben in Deutschland, etwa eine halbe Million davon mit deutschem Paß. In den türkischen Familien schlummert ein beachtliches Konsumentenpotential. Das monatliche Nettoeinkommen der türkischen Haushalte liegt bei 2000 Euro, 97 Prozent davon geben die Türken in Deutschland aus. Das entspricht einer jährlichen Kaufkraft von mehr als 17 Milliarden Euro. Etwa 80 Prozent der Türken sind zwischen 14 und 49 Jahre alt. Damit stellen Türken fünf Prozent der »werberelevanten Gruppe«, obwohl sie nur knapp drei Prozent der Gesamtbevölkerung ausmachen. Obendrein sind türkische Haushalte sehr konsumfreudig, auch dank ihrer vielköpfigen Familien. Während in einem deutschen Haushalt durchschnittlich 2,2 Personen leben, wohnen in einem türkischen vier.

Ozan Sinan erinnert sich noch gut an die Anfänge: »Mercedes war das erste Unternehmen, das türkische Konsumenten Anfang der achtziger Jahre als Zielgruppe entdeckte.« Das lag auch an der engen Bindung von Konzernchef Edzard Reuter an die Türkei, wo er geboren wurde. Doch vor allem waren Türken die ideale Zielgruppe für den Gebrauchtwagenmarkt der Renommierschlitten mit dem Stern. Nirgends sonst fanden drei bis vier Jahre alte Daimler so guten Absatz wie bei den türkischen Käufern. In Werbespots lockten die Stuttgarter Autobauer mit solidem Markenimage die türkische Kundschaft. Da kutschiert etwa ein blumengeschmückter Mercedes ein glückliches Hochzeitspaar durch die anatolische Landschaft. Vor der Moschee warten Hunderte geschniegelter Gäste. Über die Szenerie legt sich die sonore Stimme des türkischen Sprechers: »Nicht nur die Ehe hält bis ans Lebensende, sondern auch der Wagen.«

Mitte der neunziger Jahre zogen andere nach. Allen voran die Branchen Telekommunikation, Energie und Fernsehtechnik. Die Türken in Deutschland waren Telefonfreaks, nirgendwo sonst boomten Auslandsgespräche und die Nachfrage nach Handys so wie bei ihnen. Außerdem verbrauchten die großen türkischen Haushalte viel mehr Strom als die deutschen Kleinfamilien. Sie liebten Satellitenschüsseln, weil sie türkische Sender sehen wollten. Doch wie gesagt: Der türkische Konsument gerät nur langsam ins Blickfeld.

Das ist verwunderlich, denn längst ist den Unternehmen klar: Werbung, die sich lohnt, muß ihre Kunden möglichst zielgruppenspezifisch ansprechen. Nur wer Werte und Lebensstil, den »Mindset« (Sinan), seiner Kunden genau trifft, hat eine Chance, sie an der Achillesferse ihrer Konsumgelüste zu packen und zu einer Kaufentscheidung zu bewegen. Einen deutschen Werbespot einfach zu übersetzen, kann dabei gründlich in die Hose gehen. Nicht nur, daß der türkische Betrachter seine Lebenswelt in der Blondinenwerbelandschaft von Jacobs Café kaum wiederfinden dürfte, nicht nur, daß sich der türkische Kunde als Kunde zweiter Klasse fühlen kann – auch ethische Normen sind treffliche Stolpersteine, und Ariels Klementine käme bei türkischen Hausfrauen nicht allzu gut an. Erk Güner von der Berliner Werbeagentur WFP, die für Daimler türkische Spots produzierte, warnte schon vor zwei Jahren vor derart unausgereiften Konzepten: »Die Waschmaschine in der Küche zu haben ist für Türkinnen undenkbar.«

Wie weit deutsche Unternehmen vom Ethno-Marketing entfernt sind, merkt das Team von Lab One auf seinen Touren durch die Unternehmen immer wieder. Es hakt am Bewußtsein und an geeigneten Werbemedien, über die sich die Deutschtürken gezielt ansprechen lassen. Die Leserschaft von ehemaligen Stammzeitungen wie »Hürriyet« bricht weg, zu sehr ist die Zeitung aus der Türkei von den Lebensverhältnissen der jungen Deutschtürken entfernt. Bisher trat kein anderes Magazin an ihre Stelle. Noch immer gelten die Türken als billige Kunden mit niedrigen Ansprüchen, die sich mit wenig Mitteln cashen lassen. »Dieses Bild haben die türkischen Medien in Deutschland jahrelang gefördert», sagt Sinan. »Sie sagten: ›Werbt bei uns, hier ist es billig und ihr erreicht alle.‹ Das ist längst überholt.«

In Wahrheit sind die Deutschtürken eine sehr heterogene Gruppe, wie die Studie »Lebenswelten 2002« festhielt: Da sind etwa die Konservativen, die traditionell sind und familienorientiert, bescheiden leben und die türkische Identität pflegen. Da sind die Skeptiker, die deutsche und türkische Freunde haben, Hip-Hop hören, Mode mögen und Marken schätzen, die keine klare nationale Identität haben, eher intolerant sind und spaßorientiert. Da sind die Bikulturellen, die einen gemischten Freundeskreis haben, viel Geld für Ausgehen und Designerklamotten ausgeben, tolerant und integrationsbereit sind. Da sind die Materialisten, anpassungsbereit, modebewußt, offen und türkisch geprägt. Und die Intellektuellen, wenig gläubig, antitraditionell, wenig mode-, aber sehr gesundheitsbewußt, geistig offen und ohne türkischen Patriotismus.

Die Taschen voller Detaildaten machen sich Sinan und Tasdemir nun wieder auf Tour durch deutsche Unternehmen. Um den Marketingmanagern die Augen zu öffnen über Klischees und das Potential der lange ignorierten Zielgruppe.

Mustafa Yoldaş

Meine Moschee in St. Georg

Meine Moschee liegt in Hamburg, genauer gesagt in jenem nach dem christlichen Schutzpatron und Heiligen St. Georg benannten Stadtteil nahe des Hauptbahnhofs. Seit jeher war St. Georg ein Zufluchtsort für viele an der Elbe Gestrandete wie Juden, Hugenotten, Katholiken, die sich innerhalb der früheren von Protestanten beherrschten Stadtmauern nicht niederlassen durften und nur hier geduldet wurden. Mit einigen Jahrhunderten Verzögerung haben die Muslime einen ähnlichen Prozeß vollzogen wie damals die Katholiken: Als mein Vater vor rund 30 Jahren mit 13 Türkischen Lira in der Tasche in Istanbul in den Zug stieg, um einer unsicheren Zukunft entgegenzufahren, konnte er sich nicht vorstellen, daß sich seine Familie später in Deutschland niederlassen würde und daß seine Kinder, die Kinder eines anatolischen Bauernjungen, in einer fremden Sprache und Kultur eine gute Ausbildung oder gar ein Studium absolvieren würden. Die Rechnung, die er sich zu Hause gemacht hatte, ging auf dem Basar nicht auf, wie wir im Türkischen sagen.

Lange Zeit haben sich unsere Eltern selbst als bloße Gäste betrachtet (wie auch umgekehrt das Aufnahmeland sie). So lag es nahe, daß man sich nur provisorisch in Deutschland einrichtete. Das Fahrrad für die Kinder wurde vom Sperrmüll besorgt, die Möbel von den Arbeitskollegen der Eltern. Auf diese Weise entstanden auch die ersten Gebetsräume für Muslime: leerstehende Ateliers, abrißreife Baracken oder kalte Lagerhallen. Nicht anders war es bei meiner Moschee, die Anfang des letzten Jahrhunderts eine Schule gewesen sein soll, später in ein medizinisches Bad umgewandelt und Mitte der siebziger Jahre von den türkischen Muslimen aufgekauft und zu einer Moschee umgebaut wurde.

Diese oft nur abfällig als »Hinterhofmoscheen« bezeichneten Orte vermittelten unseren Eltern, die mit dem rasanten Fortschritt der Industrie- und Dienstleistungsgesellschaft nicht Schritt halten konnten, Gebor-

Mustafa Yoldaş wurde 1970 in Ürgüp in der Türkei geboren. Nach seinem Medizinstudium wurde er Vorsitzender der Schura, des Rates der islamischen Gemeinschaften in Hamburg, und Gründungsmitglied des Interreligiösen Forums.

Moschee im Hamburger Stadtteil St. Georg

genheit, Wärme und ein Zusammengehörigkeitsgefühl, das sie »draußen« vermißten. Tägliche Demütigungen auf der Arbeit, die Verrichtung von Jobs niedrigster Qualität, mangelnde Sprachkurse und Integrationsangebote verfestigten ein Leben im Dreieck zwischen Arbeit, Familie und Moschee.

Dabei kann ich mich nicht erinnern, als Kind beim Hähnchen-Grill um die Ecke je danach gefragt zu haben, ob das Hähnchen *halal* (koscher) sei. Es schmeckte trotzdem. Aber auch wenn die ersten Gastarbeiter nicht fünfmal am Tag beteten oder gelegentlich ein Glas Raki tranken, also nicht besonders religiös waren, entdeckten sie mit der Zeit, daß sie sich ihrer Verantwortung als Vorbilder für ihre Kinder stellen mußten. Sie bemühten sich, ihr Leben nach den islamischen Geboten auszurichten. Die Deutsche Mark und ihre Verlockungen hielten viele in diesem Land, und man bemerkte endlich, daß man so schnell nicht in die Türkei zurückkehren

Männer beim Gebet

würde. Um den Kindern eine religiöse Sozialisation zu ermöglichen, entstanden die ersten Koran-Schulen, in denen zunächst die arabische Schrift und dann die Rezitation des Koran erlernt werden konnte. Später wurde dort islamische Moral- und Sittenlehre gelehrt, ähnlich wie im Kommunions- oder Konfirmationsunterricht der Christen. Da es zunächst keine ausgebildeten Theologen gab, übernahmen Laien, die in der Türkei eine überdurchschnittliche islamische Bildung genossen hatten, diese Aufgabe. Deutschsprachige Imame gab es noch nicht.

Mit der Zeit veränderte sich unser Bewußtsein: Deutschland wurde langsam zu unserer Heimat. Fahrräder und Möbel wurden neu gekauft, Gemüseläden oder Döner-Buden aufgebaut, Eigentumswohnungen oder gar Einfamilienhäuser erworben, nicht mehr Ford oder Opel, sondern BMW oder Mercedes waren nun angesagt. Und auch an unsere Moscheen wurden höhere Ansprüche gestellt. Die anfänglich billige, matte Farbe an den Wänden wurde durch hochwertige Kacheln aus der Türkei ersetzt, die durch ihren türkisen Glanz einem Muslim beim Eintritt in die Moschee einen Hauch von Paradies vermitteln. Anfang der neunziger Jahre wurden zwei Minarette errichtet, die die Silhouette St. Georgs zwischen den Bürohochhäusern harmonisch ergänzen.

Wir begannen, uns in der Moschee neu zu organisieren – nach Altersgruppen und getrennt nach Geschlechtern. Die erwachsenen Männer übernahmen Reparaturen, Organisation und Gemeindebetreuung. Die Frauen organisierten Deutsch-, Computer- und Nähkurse oder machten frauenspezifische Programme. Wir, als die Heranwachsenden, die besser deutsch sprachen als türkisch, kümmerten uns um die Öffentlichkeitsarbeit. Anders als unsere Eltern konnten wir uns ein Leben in der Isolation nicht mehr leisten und begriffen schnell, wie zwingend notwendig der Dialog mit unserer Umwelt bereits im Kindergarten, in der Schule, bei der Arbeit, im Studium war. Die Devise hieß »Partizipation anstatt Isolation«. Mit zunehmendem Anspruch an die Qualität der Gemeindearbeit und an die Außendarstellung der Moschee wuchsen natürlich auch die Kosten. So mußten wir uns etwas einfallen lassen und verpachteten einige Räumlichkeiten an geschickte Händler, die daraus einen Supermarkt, ein

Friseurgeschäft, ein Reisebüro oder auch eine islamische Buchhandlung machten. Mieter und Vermieter, beide hatten etwas davon, und bald bekam meine Moschee das schönste Restaurant des Stadtteils: Die Wände sind mit Ornamentik und Kalligraphie im osmanisch-andalusischen Stil geschmückt.

Das Interesse der nicht-muslimischen Bevölkerung am Islam wuchs in dem Maße, wie die Muslime präsenter und selbstbewußter in der Gesellschaft auftraten. Für Führungen von Besuchergruppen durch die Moschee habe ich so manche Biochemie- oder Histologie-Vorlesung ausfallen lassen, weil mir das Gespräch und die Diskussionen über meine Religion und Kultur wichtiger waren. Unter den mittlerweile über 10 000 Gästen, die unsere Moschee jährlich besuchen, sind Schulklassen, Kirchengemeinden, Pastoren, Polizisten, Bundeswehrangehörige, Reiseführer usw. Meine Moschee ist zu einer Sehenswürdigkeit in der weltoffenen

Koranunterricht

Metropole Hamburg avanciert. Mittlerweile sind noch zwölf weitere Moscheegemeinden unterschiedlichster Nationalität in diesem Stadtteil entstanden – St. Georg hat also auch ein islamisches Gesicht bekommen. Man kann an jeder Ecke einen Halal-Imbiß finden und dort als Muslim mit gutem Gewissen essen.

Die zunehmende Präsenz der Muslime im Stadtbild und die Partizipation am Geschehen im Stadtteil verunsicherte anfänglich manche unserer angestammten Nachbarn. Doch etliche Krisensitzungen zahlten sich aus: Die unterschiedlichsten Lebensphilosophien von der christlichen Kirche über die Schwuleninitiative bis zum Bürgerverein saßen mit uns am Runden Tisch, den wir »Dialog in St. Georg« nannten, und diskutierten über die Geschicke unseres Stadtteils. Es ist mittlerweile ein unerschütterliches Vertrauen zwischen vielen Vereinen und unserer Gemeinde gewachsen, Freundschaften sind entstanden – ja, so stelle ich mir den Islam, meine Moschee vor: lebendig, schön, transparent, offen für den Dialog, eben einfach integriert und keine Hinterhofmoschee mehr.

Özlem Özgürgil

Leben mit deutschen Fragen

Waltraud Huber, das war mein Spitzname auf dem Gymnasium in München. Mein Vater hieß Muri, das war die bayerische Übersetzung für Murat. Wir aßen zu Hause warmen Leberkäse, hörten sonntags Radio Bayern 3, grüßten alle mit »Grüß Gott« und hatten auf dem Oktoberfest stets einen reservierten Tisch im Hofbräuzelt. Manchmal antwortete mein Vater auf die Frage, welchen Glauben er habe, er sei Christ, manchmal war er Atheist, dann wieder mal Moslem – das war ihm ganz egal. Er war in erster Linie Mensch. Wir waren eine richtig bayerische Familie. Fast. Meine dunklen Haare und Augen ließen erkennen, daß ich keine Deutsche war. So ergaben sich dann auch immer dieselben Fragen: Hast du einen Bruder, der auf dich aufpassen muß? Sind deine Eltern streng? Wo ist deine Heimat? Bist du eher Deutsche oder Türkin? Dürfen Sie auch Überstunden machen oder an Wochenenden arbeiten?

Diese Fragen haben mich nie belästigt oder genervt. Die Menschen waren interessiert, sie wollten mich oder uns eben kennenlernen. Ich antwortete gerne, ich wußte, nur mit Offenheit kann man Vertrauen aufbauen, ja sogar neue Freunde gewinnen. So antwortete ich also geduldig: »Ja, ich habe einen Bruder, aber eher muß ich auf ihn aufpassen. Meine Eltern sind sehr weltoffen, modern eingestellt. Ich darf auch abends weggehen, nicht immer und nicht ganz so lange wie die anderen, aber es reicht. Ich bin in Deutschland geboren und aufgewachsen, die Türkei kenne ich nur aus dem Urlaub. Ich bin keine »richtige« Deutsche, weil ich nach türkischen Sitten und Traditionen erzogen wurde. Genauso wenig bin ich eine »richtige« Türkin, da ich mit meiner ganzen Art irgendwie doch auch wieder sehr »deutsch« bin. Ich bin eine Mischung aus beiden Kulturen.

An Freitagen, wenn das Wochenende bevorstand, war ich manchmal traurig. Meine Mitschüler verabredeten sich zu Partys am Abend. Ich wurde oft nicht eingeladen, denn sie wußten, ich hätte nicht gedurft. In

Özlem Özgürgil wurde 1974 in Frankfurt am Main geboren. Nach ihrem Politikwissenschaftsstudium in München arbeitet sie als Moderatorin in Rundfunk und Fernsehen sowie als Redakteurin für den Bayerischen Rundfunk.

Junge Deutschtürkinnen

solchen Momenten wünschte ich mir, eine »richtige« Deutsche zu sein, eine die nicht halb, sondern hundertprozentig dazugehörte. Oder wenn ich doch wenigstens eine Türkin in der Türkei gewesen wäre. Dann hätte ich auch dazugehört und so gelebt wie die meisten anderen um mich herum. Aber dann kam der Montag, und die Welt war wieder in Ordnung. Ich konnte wieder mit den Klassenkameraden flirten und hatte den gleichen Lernstreß wie alle anderen. Dazwischen hatten wir viel Spaß.

So habe ich doch noch als glückliche Deutschtürkin mein Abitur bestanden, eine Ausbildung abgeschlossen, als Nachrichtensprecherin bei einem Radiosender gearbeitet, mein Politikstudium erfolgreich absolviert und begonnen, als Journalistin und Moderatorin zu arbeiten.

Über ein Jahrzehnt ist seit meiner Schulzeit vergangen. In dieser Zeit sind Menschen bei lebendigem Leibe in ihren Wohnungen in Mölln und Solingen verbrannt, andere Ausländer getreten und geschlagen, Schwarzafri-

Pop-Star Tarkan mit deutschen Fans

kaner ermordet worden. Diese Taten sind nicht zu entschuldigen und nie wieder gut zu machen. Doch es gab trotz allem ein normales Leben, auch für mich.

Dann aber kam der 11. September 2001 mit seinen ungeheuerlichen Attentaten in New York und Washington. Wieder hatte der Irrsinn zugeschlagen. Es gab weitere Anschläge, ob Riad, Istanbul, Madrid, es macht keinen Unterschied. So viele Menschen mußten sterben: Moslems, Christen, Juden, auch das macht keinen Unterschied. Seit dem 11. September hat sich in Deutschland die Atmosphäre verändert: Kopftuch, Moschee, Moslem, Ausländer, Integration, Islamist, Terrorist – all diese Wörter werden mitunter in einem Atemzug genannt. Hinzu kommen andere Probleme im Land: Wirtschaftskrise, Arbeitslosigkeit, Armut, soziale Kälte, die zu Unsicherheit und Angst führen. Politik und Gesellschaft brauchen Schuldige. Ausländerfeindliche Parolen in der Politik haben wieder Hochkonjunktur. Rechtsradikale Parteien sitzen nun in Parlamenten, und andere angebliche Demokraten überholen mit ihren politischen Zielen diese Radikalen mitunter sogar rechts, wenn sie Zustimmung wittern. Rassistische Hetzparolen von Politikern sind nicht neu. Aber heute finden sie wieder Beifall aus der Bevölkerung. Solche Politiker spielen mit den Ängsten der Menschen – erfolgreich und zu Lasten der Minderheiten. Dabei wird oft vergessen, daß wir, die so genannten Ausländer, die auch ein Teil dieser Gesellschaft sind, dieselben Ängste haben. Denn von Terrorismus und Wirtschaftsflaute sind wir alle bedroht.

Die Fragen an mich haben sich geändert und werden mitunter zu unterschwelligen Vorwürfen. »Warum seid ihr Ausländer so gewalttätig? Warum wollt ihr euch nicht anpassen? Dürfen Sie sich Ihren Mann selbst aussuchen? Was denken Sie über die Anschläge in New York?« Was soll ich schon denken. Ich habe über die Nachrichten am 11. September genauso Tränen vergossen wie über die Bilder vom Anschlag in Istanbul, als ich um das Leben meiner Verwandten fürchtete.

Ich bin immer noch eine Deutschtürkin. Aber ich werde auch immer mehr eine Türkin in Deutschland, eine Ausländerin in Deutschland, nicht weil ich mich so fühle, sondern weil mich andere so sehen.

Dietmar H. Lamparter

Die Seele der Autos

Fahrwerk, Motoren und Geschwindigkeit zählen viel in der Autobranche – doch sie sind nichts ohne das passende Gesicht für ein Auto. Design gibt einem Wagen seinen unverwechselbaren Ausdruck und spielt bei der Profilierung einer Marke im globalen Autogeschäft eine entscheidende Rolle. Kein Verkaufserfolg ohne gutes Design. Beim deutschen Autoriesen Volkswagen kümmert sich Topdesigner Murat Günak darum, geboren in Istanbul, daheim in Wolfsburg.

Der Umsatz fiel, der Gewinn brach ein, für VW-Chef Bernd Pischetsrieder häuften sich die schlechten Nachrichten. Um so besser, daß im April 2003 Murat Günak sein Amt bei VW antrat. Der 48jährige Deutschtürke gilt schon lange als Ausnahmetalent unter den Autodesignern: Er hat Peugeot ein neues Gesicht verpaßt, mit dem die Traditionsmarke wieder Schwung bekam, er hat die elegante Optik der jüngeren Mercedes-Modelle geprägt – und nun ist der Volkswagen dran.

Günak, seit 1993 deutscher Staatsbürger, wurde in Istanbul als Sohn eines Arztes geboren. Sein Vater hatte wohl schon damals den Schritt nach Deutschland im Sinn und schickte ihn auf eine österreichische Schule. Als Murat 16 war, siedelte die Familie ins westfälische Warburg über. Nach dem Abitur studierte er Bühnenbild in Kassel. Damals lud ihn Bruno Sacco, der langjährige Chefdesigner bei Mercedes, zu einem Praktikum nach Sindelfingen ein. Der Jungdesigner fing Feuer und machte mit einem Stipendium von Ford anschließend seinen Master of Automotive Design am renommierten Royal College of Art in London. Zwei Jahre lernte Günak dann bei den damaligen Ford-Koryphäen Claude Lobo und Patrick Le Quément (heute Designvorstand bei Renault) die Praxis kennen. Im Jahr 1986 lockte ihn Mercedes wieder nach Deutschland zurück. Bruno Sacco erkannte, daß Günak nicht nur zeichnen konnte, sondern auch Organisations- und Führungstalent besaß. Er überließ ihm die Pro-

Murat Günak

Dietmar H. Lamparter wurde 1955 geboren. Er hat Psychologie, Soziologie und Politikwissenschaften studiert und arbeitet seit 1991 als Redakteur des Wirtschaftsressorts der »Zeit« in Hamburg.

jektleitung der ersten C-Klasse. Als Belohnung für das elegante Gesellenstück durfte er als masterpiece auch den kleinen Sportwagen SLK in Form bringen. Der weitere Karriereweg schien vorgezeichnet. Doch 1994 kam Peugeot und machte dem gerade 37jährigen ein unwiderstehliches Angebot. Günak sollte als Designchef der etwas müde gewordenen Marke mit dem Löwen eine neue Linie geben. Der Peugeot 206 mit der frechen Schnauze wurde ein Renner und löste sogar den VW Golf als meistverkauftes Modell in Europa ab; es folgten die elegante Oberklasselimousine 607 und der kompakte Peugeot 307. Aber als letzterer auf den Markt kam, hatte es Günak mit seiner Frau, einer deutschen Pianistin, und den drei Kindern schon wieder zurück nach Deutschland, nach Stuttgart zu Mercedes, gezogen.

Dann gelang es VW-Chef Pischetsrieder, Günak nach Wolfsburg zu holen. Mit allen kreativen Freiheiten ausgestattet, will Günak der breiten Markenpalette des Konzerns, die vom 3-Liter-Lupo über den Bentley bis zum Bugatti reicht, mehr »Seele«, »Emotion« und nicht zuletzt mehr »Dynamik« einhauchen. Zudem hat ihm Pischetsrieder versprochen, Autos zu entwickeln, die man dem Konzern mit dem bodenständigen Image gar nicht zutrauen würde. Ex-BMW-Manager Pischetsrieder und Ex-Mercedes-Mann Günak teilen die Vision vom Aufbruch zu neuen Ufern, sie haben sich gesucht und gefunden.

Am liebsten ist Günak dabei nach wie vor die Arbeit in den Studios, wo die ersten Entwürfe eines Autos mit dem Bleistift gezeichnet werden, wo eine Idee am Computer dreidimensional simuliert wird und die ersten Tonmodelle in aufwendiger Handarbeit entstehen. Er lenkt die Prozesse und koordiniert die Entwicklung, ohne die Kreativität seiner multinationalen Designertruppe zu früh einzuschränken. Günak greift kaum noch selbst zum Stift, dafür hat er allein in Wolfsburg rund 220 Designer, Modelleure und andere hochkarätige Spezialisten zur Verfügung. Nimmt man alle Konzernstudios zusammen, in Kalifornien, Potsdam, Sitges (Spanien), São Paulo (Brasilien), Puebla (Mexiko) und Shanghai (China), sind es sogar rund 750. Mit ihnen will der Designer Volkswagen in neue Form bringen und vor allem eines: schöne Autos bauen.

Türkischer Kiez in Berlin-Kreuzberg

Mein

Meine Freiheit: Reicht über zwei Brücken und eine nicht mehr stehende Mauer

Mein Gefühlsrausch: Der Genuß von Raki und Bier

Meine Ausgeglichenheit: Berauschende Livekonzerte und Filmpremieren

Meine Klarheit: Zwei Sprachen mit einer Zunge

Mein Seelenfrieden: Zwei Herzen, ein Gefühl

Meine Geborgenheit: Vier Augen, zwei Sichtweisen

Meine Liebe ist in Istanbul, mein Leben in Berlin.

Hans Kirchmann

Aziza – Rapperin und Powerfrau

Sie war zunächst der Star der Berliner orientalischen Hip-Hop-Szene, dann Star in ganz Deutschland und in der Türkei, zweisprachig, beide Kulturen denkend, und im Rap wechselte sie blitzschnell von einer Sprache in die andere. Mit dem neuen Sound raste zuerst Islamic Force (Berlin) an die Öffentlichkeit, doch Aziza hat noch mehr Vorläufer und ist dennoch einzigartig. Die immer noch wirkenden und durchaus kreativen Spannungen in der Insel- und Frontstadt Berlin verdichten Isolation und Besonderheit zu einem dynamischen Selbstbewußtsein, dem man sich nur schwer entziehen kann. Schon nach ihren ersten Stücken wurde Aziza zum »Sprachrohr der türkischen Frauen« stilisiert, was gut gemeint war, aber die musikalische Freiheit nicht traf, durch die Azizas Songs leben. Ihr Stil wäre auch ohne Gesang erkennbar, weil traditionelle türkische Instrumente wie Saz, Zurna und Darbuka mitklingen. Als sie damit begann, war auch schon klar, daß Aziza es nicht beim festen Musikmuster belassen würde, so hat sie angekündigt, demnächst stärker Jazzelemente zu verwenden. Sie bleibt beweglich. Eigentlich ist sie »Aziza-A«, was etwa »mächtige Schwester« bedeutet. Die Musikkritiker übersetzen es mit »Powerfrau«.

Bis heute überrascht es sie, daß sie Erfolg mit dem hat, was ihr Spaß macht: »Mit 16 habe ich in der Badewanne angefangen zu singen.« Eine musikalische Vorbildung hat sie nicht, hier ein paar Freunde, dort ein Zufallsbesuch im Tonstudio, dann sogar ein Wettbewerb. Eine ganz normale Jugend in Berlin. Und dann doch etwas Klavier- und Gesangsunterricht. Da war die Karriere aber schon auf dem Wege. Sie entdeckte die Popstars in der Türkei, vor allem Sezen Aksu, die ebenfalls als äußerst selbstbewußt gilt. Ein Erfolg zog den anderen nach sich. Aziza durfte im ZDF-Jugendmagazin »Mag« moderieren und wurde so die erste türkische Moderatorin im deutschen Fernsehen. Als Vorbilder nennt sie die

Aziza-A

Band Sons of Gastarbeita, eine deutsch-philippinisch-libanesisch-israelische Mischung. Berlin ist für sie multikulti, die Stadt ist für Aziza nicht Deutschland, sondern ein eigener Planet.

Sie tritt zunächst in Wedding, Schöneberg, Neukölln, Kreuzberg, dann auch jenseits der Stadtgrenzen auf. Aziza nimmt ihren Weg nach oben und wird zum Weltstar. Die Zuhörer in den feinsten Istanbuler Klubs schäumen heute, sie gibt Konzerte in Polen, Frankreich, Ungarn, England, Hongkong, Holland und sagt: »Ich stehe da und habe zwei fette Kulturen und suche mir das beste von beiden aus.« Auf der Bühne wechselt sie leichtfüßig vom Deutschen ins Türkische und wieder zurück. In den Texten werden alle Formen der Migration, aber auch immer wieder die Freiheit der türkischen Frau thematisiert – eine Sängerin, die aus dem kulturellen Ghetto ausgebrochen ist. Das Etikett Feministin will sie nicht, und es paßt auch nicht. »Ich habe eine Menge Erfahrungen weiterzugeben,

Die türkische Band Athena

eine Menge zu erzählen, deshalb mache ich Rap. Aber ich werde nie eine Frau von der Bühne herab auffordern: Kämpfe für dein Recht! Ich werde sagen: Sieh, wie du lebst. Wenn's dir so gefällt, dann ist es okay. Aber glaube mir, das ist nicht alles. Du könntest viel mehr machen. Ich gehe nicht auf die Bühne, um Frauen aufzufordern, was zu machen. Aber ich zeige ihnen, was ich mache, und ich zeige es ihnen einfach durch meine Taten: Das könnt ihr auch, wenn ihr nur wollt – auf eure Art und Weise.«

Wie sie ihren eigenen Stil fand? »Ich trug damals nur schwarze Klamotten, niemand dachte daran, daß ich Türkin sei – warum auch, so läuft doch keine anständige Türkin herum! Die anderen Türkinnen beobachteten mich immer und wußten nicht, wie sie mich ansprechen sollten, erfuhr ich später. Sie fanden es toll, daß ich so anders war, aber sie selbst trauten sich nicht, anders zu sein – schade! Die Jungs dagegen – für die war ich durchgeknallt. Die konnten damit nicht umgehen, daß ich so selbstbewußt war und mich ihnen nicht unterwarf. Aber wir kamen trotzdem miteinander aus.

Kreuzberg ist für mich was besonderes, weil irgendwie jeder jeden akzeptiert – oder zumindest toleriert. Extrem verschiedene Menschen, die trotzdem miteinander leben können, vom Punk bis zum Geschäftsmann. Dieser Bezirk prägte meine Identität. Doch dann kriegte ich die Krise und wollte für immer zurück in die Türkei. Mein Bruder und mein Onkel haben eine Firma in Istanbul, dort sollte ich arbeiten. Vier Monate habe ich es ausgehalten, dann hieß es, wie immer in meinem Leben: Zurück nach Berlin!«

Kemal Derviş

Zum neuen Europa gehören Mut und Elan

Es begab sich 1987. Ich debattierte mit einem guten Freund, Wilfried Thalwitz, einem Berliner und zudem Vizepräsident der Weltbank, über die Aussichten der neunziger Jahre. Er drückte seine Hoffnung aus, sein Land um die Jahrtausendwende wiedervereinigt zu sehen. Ich warf ein, dies könne vielleicht schon früher passieren – der sowjetische Kommunismus habe ja an ideologischem Einfluß verloren, und politische Systeme ohne ideologisches Fundament würden nicht ewig bestehen, so daß wir ein vereintes Berlin vielleicht schon vor dem Jahr 2000 besuchen könnten … Niemand sah zu diesem Zeitpunkt voraus, daß die Mauer nur zwei Jahre später fallen würde!

Europa, und ganz besonders Deutschland, wurden zu den Herausforderungen der neunziger Jahre. Die Wiedervereinigung vollzog sich in rasantem Tempo. Zur selben Zeit machte die Europäische Union den osteuropäischen Staaten klar, daß deren Platz sich innerhalb der Union befände und daß sie, abhängig von den jeweiligen politischen und ökonomischen Konditionen, herzlich willkommen seien, um sich auf diese Weise schnell zu liberalen Demokratien mit funktionierender Marktwirtschaft zu entwickeln. Verschiedene Ereignisse in den Jahren 2003 und 2004 irritierten eine Weile, nicht zuletzt die Schwierigkeiten bei der Verabschiedung der Europäischen Verfassung (etwa 2005 bei der Ablehnung der Verfassung durch die Franzosen und Niederländer), unterschiedliche Positionen in der Irakfrage, Enttäuschung über die niedrige Beteiligung an den Europäischen Wahlen … Das führte zu Vorwürfen, die Europäische Führung habe in den frühen Neunzigern zu überstürzt gehandelt, die Verfassung hätte sich erst etablieren müssen, und die europäischen Institutionen hätten eine Reform

Kemal Derviş wurde 1949 in Istanbul geboren. Nach dem Studium an der Princeton University und der London School of Economics war er Vizepräsident der Weltbank und von 2001 bis 2002 Wirtschaftsminister der Türkei. Zur Zeit ist er für das Entwicklungsprogramm der Vereinten Nationen tätig.

Kemal Derviş

benötigt, um schnellere und flexiblere Entscheidungen treffen zu können.

Es ist richtig, daß die Institutionen und der Nizza-Vertrag, auf dessen Basis die Union funktioniert, nicht an die nachträgliche Vergrößerung Europas auf 25, bald sogar 27 und mehr Staaten, angeglichen worden sind. Natürlich wäre es sinnvoller gewesen, die Verfassung vor der Erweiterung vom 1. Mai 2004 zu haben. Aber die Geschichte zeigt, daß sie nicht uns zuliebe und nur dann voranschreitet, wenn wir dazu bereit sind. Anfang der Neunziger sahen sich die europäischen Führer vor neuen großen Herausforderungen; Europa zeigte sich dieser Lage zum größten Teil gewachsen und verschaffte den Ländern im Osten eine Vision und eine Zuflucht. Das stabilisierte Erwartungen und erlaubte eine schnelle und meist friedliche Transformation des sozioökonomischen und politischen Kommunismus. Der westliche Balkan wurde, zum größten Teil aufgrund seiner unfähigen Führung, nicht in das von Europa bereitgestellte System eingeschlossen und versank deshalb jahrelang im Bürgerkrieg. In den Kandidatenstaaten verlief der Übergang unterdessen immens schnell. Nach der Aussöhnung Frankreichs mit Deutschland, der Schaffung eines gemeinsamen Marktes und nach der Einführung einer gemeinsamen Währung wird die Transformation Osteuropas ein weiterer großer Erfolg der Europäischen Union. Ohne Zweifel haben couragierte, schnelle Entscheidungen auch zu großen Problemen geführt, ganz besonders für Deutschland, aber am Ende hat sich diese Kühnheit in Form von mehr Sicherheit in Europa und durch eine sich vom Westen bis hin zu den Grenzen der ehemaligen Sowjetunion ausbreitende Friedenszone ausgezahlt.

Europas heutige Herausforderung hat sich in den Süden verlagert. Es ist eine Herausforderung, die viel mit der Globalisierung, mit Identität und den Problemen der Gleichberechtigung zu tun hat. Die unmittelbarste und bedrohlichste Dimension hierbei ist der Antagonismus, der sich zwischen großen Teilen einer islamischen Welt und der westlichen »Modernität« entwickelt hat. Falls dieser Antagonismus weiter brodelt und sich vertieft, kann das in erhöhtem Maße die globale und europäische Sicherheit untergraben. Das wäre auch ein Hindernis für Wirtschaftswachstum, Investitionen, und die Schaffung neuer Arbeitsplätze.

Genau in diesem historischen Moment sprachen Europa und Deutschland mit der Türkei über den Beginn der EU-Beitrittsverhandlungen, mit dem Ziel der Vollmitgliedschaft. 40 Jahre lang war die Türkei assoziiertes Mitglied, 40 Jahre lang war eine Vollmitgliedschaft noch in weiter Ferne, aber seit 1999, nachdem auf dem Helsinki-Gipfeltreffen beschlossen wurde, die Türkei, genau wie einst Polen, und so wie es Rumänien und Bulgarien heute noch immer sind, zum Kandidatenstaat zu ernennen, wurde diese Aussicht immer realer. Wenn auch der Zeitpunkt der Mitgliedschaft noch nicht gekommen ist, so ist er doch nicht mehr fern.

Diese konkrete Aussicht auf eine Vollmitgliedschaft ist es, die der Türkei und Europa zusammen die unschätzbare historische Möglichkeit liefert, zu demonstrieren, daß die Berliner Mauer nicht durch einen neuen, einen religiösen Eisernen Vorhang ersetzt wird und daß Europa facettenreich, multi-kulturell und multi-religiös ist. Nichts kann der Welt eine überzeugendere, gewaltigere Nachricht des Friedens senden als dieses Beispiel, nichts kann Extremisten von allen Seiten so isolieren; dies macht Europa zu einer echten Weltmacht. Keine Macht, die dominiert und erobert, sondern eine Macht, die durch Frieden, Gleichberechtigung und durch eine demokratische, überregionale Regierung überzeugt.

Die Verhandlungen können nur mit dem Ziel der Vollmitgliedschaft erfolgen. Alles andere oder gar weniger würde nur zur gegensätzlichen Botschaft führen, was diejenigen stärken würde, die nur an die Zukunft von essentiell zivilisationsfeindlichen Machtblöcken glauben. Das Gerede von der privilegierten Partnerschaft ist nicht nur völlig unrealistisch, sondern es untergräbt sogar die Synergie, die die Türkei zusammen mit den EU-Ländern entwickeln könnte. Es untergräbt nur unsere vereinten Kräfte und das Exempel, das wir setzen könnten.

Genau wie 1990 fällte Deutschland die richtige Entscheidung. Europa

Folgende Seite:
Morgenstimmung
in Istanbul

muß weiter vorwärts gehen, trotz kurzzeitiger Schwierigkeiten. Natürlich wäre es wünschenswert gewesen, wenn mehr Zeit zur Verfügung gestanden hätte, um die neuen Mitgliedsstaaten aus Zentral-Europa besser aufzufangen – aber jetzt stehen wir vor der Aufgabe, die Dynamik der Süd-Ost Ausweitung Europas in Gang zu bringen. Es steht sehr viel auf dem Spiel, und Europas Friedenskonzept muß dringend weiter ausgedehnt werden.

Wir Türken, Deutsche, Franzosen, Griechen, Italiener und alle anderen müssen zusammen ideologische Lücken wieder füllen. Um jenen zu widerstehen, die von Dominanz und Krieg sprechen, müssen wir einen Kompromiß formulieren, Freiheit innerhalb der Andersartigkeit und die gemeinsame Vereinigung zur Souveränität. Es war wundervoll, als dies in der Vergangenheit Frankreich und Deutschland konnten und später auch Deutschland und Polen. Jetzt ist die Zeit sowohl für die Türkei und Griechenland, als auch für Christen, Moslems, Juden und alle anderen gekommen, diesen Beispielen zu folgen und ein Europa des 21. Jahrhunderts zu errichten, das allen gemeinsam gehört. Das ist nicht nur ein wertvolles Geschenk, das wir eines Tages nicht nur unseren Kindern und Enkeln, sondern den Kindern in der ganzen Welt machen können. Das Beispiel Europa wird nicht nur Europa zu einer besseren und sichereren Gesellschaft machen. Es wird ein Modell sein, das Verständnis und Gerechtigkeit weltweit fördert.

Kurzbiographien der Fotografen/Bildnachweis

Ercan Arslan wurde 1970 in Istanbul geboren. Seit 1993 arbeitet er als Fotograf für die Tageszeitung Milliyet und erhielt mehrere Auszeichnungen.
S. 26, 28, 34/35, 38, 46/47, 48, 56, 57, 64, 69, 78/79, 90, 108, 110, 112, 117, 118, 120, 122, 130, 144/145, 154, 170, 176, 196, 198, 202/203

Yavuz Arslan wurde 1975 in Lünen geboren. Nach einer fotojournalistischen Ausbildung arbeitet er erfolgreich für verschiedene Agenturen. Sein Schwerpunkt ist die soziale Entwicklung von Ausländern in Deutschland.
S. 2, 96/97, 100/101, 128, 172

Adnan Ataç wurde 1954 in Iskenderun geboren, ist Doktor der Medizingeschichte und der Zahnmedizin sowie Gründungsmitglied der Gesellschaft für Kunst und Fotografie in Ankara. Seine Arbeiten wurden mehrfach ausgezeichnet.
S. 11, 18/19, 152/153

Berrin Cerrahoğlu wurde in Iskenderun geboren. Sie ist seit 1990 Mitglied im Verband der Fotografen in Ankara und wurde vor allem für ihre Farbfotografien ausgezeichnet. S. 80, 114

Christoph Henning wurde 1944 in Grimma geboren. Nach dem Studium der Fotografie an der Essener Folkwang-Schule arbeitet er seit 1969 erfolgreich als Fotojournalist. 1985 gründete er die Bildagentur »Das Fotoarchiv«.
S. 44

Katja Hoffmann wurde 1972 in Bremen geboren. Seit 1995 arbeitet sie als freie Fotografin mit den Schwerpunkten Reportage und Portrait im Werbebereich und als Fotojournalistin. Ihre Bilder wurden mehrfach ausgezeichnet.
S. 190

Ali Kabaş wurde 1957 in Adana geboren. Er gilt als Experte für digitale Fotografie und ist Mitglied der American Society of Picture Professionals und der Getty Images Photo Assignments. Seine Schwerpunkte sind Kunst-, Reise- und Werbefotografie sowie Luft- und Unterwasseraufnahmen. S. 12, 39

Izzet Keribar wurde 1936 in Istanbul geboren. Sein Fotoarchiv gilt als eines der wertvollsten und umfassendsten der Türkei. Seine Arbeiten wurden mehrfach ausgestellt und prämiert. S. 22, 30, 92/93, 116

Harald Lüder wurde 1956 in Pegnitz geboren und arbeitet zur Zeit in Istanbul. Seit 1986 hat er an verschiedenen nationalen wie internationalen Fotowettbewerben teilgenommen und hatte mehrere Personalausstellungen. S. 36, 52/53, 58, 62/63, 66/67, 76/77, 102/103, 104

Sedat Mehder wurde 1970 in Zonguldak in der Türkei geboren und lebt seit 1971 in Deutschland. Nach dem Foto- und Filmdesignstudium arbeitet er in Deutschland und der Türkei für Künstler, Magazine, Plattenfirmen und Tageszeitungen. S. 55, 86, 95, 136, 142, 159, 160, 163, 164, 169, 174/175, 180, 182, 184, 186, 188, 193

Emre Ogan wurde 1954 in Istanbul geboren, wo er seit 1977 als freier Fotograf arbeitet. Seine Schwerpunkte sind Industrie-, Werbe- und Architekturfotografie. Er ist Mitglied der Global Photografers Assignment. S. 139, 146

Dick Osseman wurde 1949 in Amsterdam geboren. Er ist Amateurfotograf und hat die Türkei auf seinen zahlreichen Reisen aus einer sehr persönlichen Perspektive abgebildet. S. 14/15, 24/25, 42

Frank Ossenbrink wurde 1960 in Köln geboren und arbeitet als freier Bildjournalist u. a. für das Magazin Focus. Außerdem betreibt er eine Foto- und Medienagentur in Bonn und Berlin. S. 70/71

Jens Rosendahl wurde 1963 in Herzberg geboren, war Assistent bei Jim Rakete und arbeitet seit 1994 selbständig in Berlin und Hamburg. S. 156

Firdevs Sayılan wurde 1948 in Istanbul geboren. Als Kunsthistorikerin liegt der Schwerpunkt ihrer Fotos auf historischen Stätten und Bauten in Anatolien. S. 84

Ismail Tütün wurde 1964 in Gönen/Bursa geboren. Er ist Werbefotograf und hat an zahlreichen nationalen und internationalen Wettbewerben teilgenommen. S. 4, 8, 41, 60, 82/83, 132/133, 166/167

Bilkan Uçkan wurde 1955 in Bandırma geboren. 1995 gründete er den Verein der Amateurfotografen BANFAD. Mit seinen Arbeiten gewann er diverse internationale Wettbewerbe. S. 20, 72/73

Ullstein Bild S. 32

dpa S. 50, 86, 135

Photopool S. 125

Istanbul Modern S. 148, 149

Gökay Sariöz S. 194

Für die Entstehung dieses Bandes danken wir auf türkischer Seite Bülent Eczacıbaşı, Ehrenpräsident von TÜSIAD, Sadullah Torun, Geschäftsführender Gesellschafter der Triton GmbH, und Tahsin Aygün, Mitglied der erweiterten Direktion der HSBC Private Banking.

Redaktionelle Mitarbeit:
Hans Kirchmann
Hande Eren
Teyfik Karaküçükoğlu
Jost-Henrik Morgenstern

ISBN 3-351-02591-2

1. Auflage 2005
© Aufbau-Verlag GmbH, Berlin 2005
Einbandgestaltung Ute Henkel / Torsten Lemme
Innengestaltung Torsten Lemme
Druck und Binden Ofset Yapımevi, Istanbul
Printed in Turkey

www.aufbau-verlag.de